财务尽调实务操作指南

赵新廷　张　琳◎著

中国铁道出版社有限公司

CHINA RAILWAY PUBLISHING HOUSE CO., LTD.

图书在版编目（CIP）数据

财务尽调实务操作指南/赵新廷,张琳著.—北京：
中国铁道出版社有限公司,2022.9
ISBN 978-7-113-29162-4

Ⅰ.①财… Ⅱ.①赵… ②张… Ⅲ.①会计检查-中国-
指南 Ⅳ.①F231.6-62

中国版本图书馆 CIP 数据核字（2022）第 089040 号

书　　名：**财务尽调实务操作指南**
CAIWU JINDIAO SHIWU CAOZUO ZHINAN

作　　者：赵新廷　张　琳

责任编辑：王　宏　　　　编辑部电话：(010)51873038　　电子邮箱：17037112@qq.com
封面设计：仙　境
责任校对：苗　丹
责任印制：赵星辰

出版发行：中国铁道出版社有限公司（100054，北京市西城区右安门西街 8 号）
印　　刷：中煤（北京）印务有限公司
版　　次：2022 年 9 月第 1 版　2022 年 9 月第 1 次印刷
开　　本：710 mm×1 000 mm 1/16　印张：13.25　字数：220 千
书　　号：ISBN 978-7-113-29162-4
定　　价：69.80 元

前 言

在公司的投资、并购和其他资本管理流程中，尽职调查是投资决策、交易谈判和设计投资方案的前提条件，也是评估投资是否符合战略目标和投资原则的基础，对了解目标公司的资产负债、内部控制和管理运营的真实情况发挥着关键作用。财务尽职调查还充分揭示了目标公司的潜在风险与机遇，在分析其盈利能力、现金流量和发展前景方面发挥重要作用。本书理论联系实际，在梳理财务尽调理论的同时，采用经典的财务尽调实例，力求读者不仅能对财务尽调有更全面深刻的理论认识，还能在书中的指导和启发下，更好地开展工作。

本书内容

全书包括 10 章内容。第 1 章系统地介绍了财务尽职调查的入门知识，包含财务尽职调查的定义、目的、原则、基本方法、主要对象和基本程序。第 2~8 章，依次详细讲解了财务尽职调查的主要内容及其分析方法，其中包括对公司基本情况的调查、公司行业情况的调查、公司财务情况的调查和分析、公司财务报表内外项目的调查和分析、公司纳税情况的调查和分析等。第 9 章介绍财务调查报告的目的、格式、主要内容，并且向读者提供了财务尽职调查报告的模板。第 10 章主要以两个公司的财务尽职调查实务案例，直观地展现了财务尽职调查的主要内容、分析方法。

本书特色

第一，内容完整、系统。当前市场上，由于财务尽职调查缺少系统的学习材料，尽职调查新手在实践操作的过程中遇到各种问题，可能难以找到相关的知识和应对方法。而本书内容完整系统，能够对接触财务尽职调查工作的读者起到指导作用。内容完整性体现在涵盖财务尽职调查的基本知识、财务尽职调查的要点和常见问题、财务尽职调查报告的模板、财务尽职调查实务案例；系统性体现在开篇从基础知识入手，形成大体框架，再依次讲解财务尽职调查的主要内容和分析方法，形成系统的知识体系。

第二，专业性强。财务尽职调查实务操作过程环节多、流程复杂，需要完备过硬的专业知识。因此，相关工作人员必须通过系统性学习，形成完整的知识体系，才能做好尽职调查工作。本书专业性强体现在，书中包含财务报表核查的内容和方法，反映公司偿债能力、盈利能力、运营能力的财务指标的讲解，财务报表内外项目的内容和分析方法，最新税收相关政策等。

第三，实践性强。财务尽职调查是一项实践性很强的工作，相关工作人员面临情况迥异、问题复杂、需要注意的细节繁多等问题，因此需要较为丰富的实践经验才可以更好地应对财务尽职调查中的不同情况以及找出相应的解决方法。本书立足于实践，介绍了财务尽职调查中的主要内容以及对应的分析方法，又提供了财务尽职调查的实务案例，直观地展现了财务尽职调查分析的全过程，极大地增强了对财务尽调工作的指导性。

第四，内容新颖。内容编排上以财政部新修订颁布的《企业会计准则》为基础，在进行财务指标分析时，着重围绕新会计准则下财务报表编制和财务分析方法的构架进行编写。

适用人群

本书内容系统全面，理论结合实际，适合私募股权投资、风险投资机构的财务尽职调查人员、会计师事务所的审计人员、从事股权项目投资业务的风险控制人员、其他对投资和财务分析感兴趣的人士学习使用。

因编者水平有限，书中难免存在疏漏与不妥之处，敬请广大读者批评指正。反馈方式：duzhezixun@139.com。

编　　者

目　　录

第 *1* 章　财务尽职调查入门

第2章 财务尽职调查的流程

第3章 财务组织情况调查

第 **4** 章 财务报告情况调查

第 **5** 章 财务指标分析

第 *6* 章　财务报表内项目分析

第 *7* 章　财务报表外项目分析

第 8 章　纳税情况

第 9 章　财务尽职调查报告

第 *10* 章　财务尽职调查实务案例

第 **1** 章
财务尽职调查入门

  投资方在进行投资前都需要对目标企业进行一系列的尽职调查，确保投资行为的准确性。如果把投资比作婚姻，那么投资前的尽职调查就相当于谈恋爱时的彼此了解。不对目标公司进行尽职调查，投资风险将会极高。

  根据调查内容的不同，尽职调查可以分为业务尽职调查、法律尽职调查和财务尽职调查三部分。其中，财务尽职调查是从财务的方面了解目标公司状况，为投资决策过程提供参考。财务尽职调查不仅关注目标公司财务的真实性、可靠性、规范性，也同样关心公司的盈利预测是否能达到。

1.1　财务尽职调查的概念及目的

财务尽职调查作为一系列尽职调查的重要组成部分，主要目的是最大限度地排除风险，同时挖掘公司投资价值，从财务数据上衡量一家公司的实力。

通过收集分析财务数据，并且基于时间轴、项目轴进行对比，是看透目标对象未来的财务发展走向、决定尽职调查结果的关键所在。

1.1.1　怎样理解财务尽职调查

财务尽职调查，也称为谨慎性调查，指投资方与目标公司事先达成合作意向并经双方协商达成共识后，就目标公司投资相关的一系列问题进行现场调查和数据分析等一系列活动部分。

尽职调查主要适用于资本交易，如收购或投资。但一般而言，公司在发行或上市时也会进行尽职调查，这是为了事先了解公司是否符合发行或报价条件。尽职调查主要由财务管理专业人员对与投资相关的接受公司的财务状况进行专业调查，如审计、分析、验证等。

在公司的投资、并购和其他资本管理流程中，尽职调查是投资决策、交易谈判和设计投资方案的前提条件，也是评估投资是否符合战略目标和投资原则的基础，对了解目标公司的资产负债、内部控制和管理运营的真实情况发挥关键作用；它还能够充分揭示目标公司的潜在风险与机遇，在分析其盈利能力、现金流量和发展前景方面发挥重要作用。

1.1.2　财务尽职调查的目的

尽职调查主要是为了解决投资方与融资方之间信息不对称的问题，因此尽职调查的目的主要有三个方面：一是发现目标公司的内在价值；二是评估目标公司是否存在潜在致命缺陷及其对预期投资的可能影响；三是对投资决策提供建议并设计相应的投资方案。

具体调查包括以下五个方面：

①谁？即公司控股股东或实际控制人情况及其管理团队的情况；

②什么？即公司产品或服务的类型与其市场竞争力；

③怎样？即公司在各环节的表现如何，包括运营和财务数据的收集归纳情况，特别是现金流量、财务报表以及经营成果等方面的相关情况；

④怎么看？即公司同业竞争对手以及银行的态度；

⑤怎么做？即在了解目标公司的基础上对其价值进行分析，利用获取的信息，结合以往经验制定合适的投资方案和控制措施，将交流转换为可行交易。

总而言之，在开展尽职调查前我们首先需要对目标公司的控制结构、股东背景、产品情况、运营和财务数据以及同业态度进行相关调查；其次根据调查结果提供可行的投资方案。

1.2　财务尽职调查的原则

财务尽职调查项目小组在进行工作流程中，应按中国注册会计师有关工作指引和证监会关于保荐工作的指导内容，坚持独立性原则、谨慎性原则、全面性原则、重要性原则四大原则。

1.2.1　独立性原则

财务尽职调查小组虽然服务于投资人，但业务上仍应按国家有关财务尽职调查的规范和办法进行工作，在保持客观立场的基础上出具财务尽职调查报告。此外，独立性原则还要求尽职调查项目的人员构成、具体的调查方案、项目流程周期和出具报告都要具备独立性，且财务尽调小组需要对自己的尽调行为与结果独立地负责，不得将责任进行转嫁，避免舞弊和风险的发生。总之，财务尽职调查的独立性原则，应体现在财务尽职调查过程的全部环节，具体体现在下列环节：

①项目组专业人员职责分工；

②计划阶段、调查阶段、报告阶段；

③财务专业人员所属部门主管审核财务调查计划、具体业务指导、审核批准报告；

④财务调查需求应由项目组负责人提出，全面计划、控制和协调与被调查单位的关系，并应及时获得财务调查的完整报告；

⑤财务专业人员编制财务调查计划，实施调查计划并编写/修改报告。

1.2.2 谨慎性原则

尽职调查也称为审慎调查，其中的"慎"指的就是谨慎性原则，即在调查过程中始终对投资并购中的财务风险、会计事务保持十分谨慎的态度，做到既不高估公司的资产、收益和投资价值，也不低估公司的负债、费用和潜在风险。此外，尽调小组出具的工作计划、工作项目和最后报告都要经过严格审查。

1.2.3 全面性原则

全面性原则是指财务尽职调查的范围应包括与企业财务管理和会计相关的所有内容，不应存在遗漏或缺失。在调查过程中，调查内容完整，包括对公司收支、损益、商业交易等的全面调查，以及对财务报表和其他重要数据的调查。

1.2.4 重要性原则

重要性原则是针对目标公司所在的不同行业、不同公司发展阶段、不同财税政策水平要依照财务尽职调查的风险水平重点进行调查，依据不同战略目标、不同收购与兼并原则进行重点提示，以期发现投资并购过程中的重大问题和致命缺陷。在此过程中，尽调小组可以将简单问题合并处理，简化部分事项的调查程序和方法，尽快确定调查的重点，识别可能影响投资决策的重大事项。

尽调人员在进行财务尽职调查时，也有必要考虑参与尽调人员的专业胜任能力和职业道德素养，要确保其能够尊重独立、客观、公正的原则。

1.3 财务尽职调查的基本方法

财务尽职调查没有准则可以依赖，也没有必须执行的程序，但是其执行过程中也存在着一些基本方法和底层思维，可以在具体实施过程中，根据不同项目可能产生的风险点以及企业具体情况进行灵活调整。

1. 审阅

审阅是指通过对目标公司的财务报表及其他法律、财务、业务资料进行审查阅读，发现关键及重大财务问题。

2. 分析性程序

分析性程序是指对从各种渠道获得的资料进行分析，以检测异常和重大问题，常见的分析方法有趋势分析、结构分析等。

3. 访谈

访谈是指与企业内各层级和各职能部门的员工进行充分沟通，并与企业外的中介机构进行充分沟通。

4. 小组内部沟通

来自不同背景和专业的调查小组成员之间的沟通也是实现调查目的的一种方式。

尽职调查的目的不同于一般审计的目的。一般而言，尽职调查不使用一般审计方法，如确认函、实物盘点和数据重新计算，尽职调查可以使用趋势分析和结构分析等多种分析工具。

1.4 财务尽职调查的主要对象

作为投资者"排雷"的重要手段，财务尽职调查最根本的逻辑是从财务的角度印证企业是否能持续提供有竞争力的、为社会所需求的产品或服务。转化成财务语言，财务尽职调查是为了了解企业是否具有良好的商业模式并能产生稳定的现金流，是否有持续高于社会平均水平毛利率的产品或服务，并且实现不断地增长。具体来说，财务尽职调查的主要对象包括目标企业的总体财务信息以及目标企业的具体财务状况。

1. 对目标企业总体财务信息的调查

在进行财务尽职调查时，尽调小组首先需要了解目标企业的一些基本财务情况。通过取得目标企业的营业执照、验资报告、章程、组织架构图，财务调查人员可以了解目标企业全称、成立时间、历史沿革、注册资本、股东、投入资本的形式、性质、主营业务等。对目标企业的详细了解还应包括目标企业本部以及企业所有具有控制权的公司，并对关联方做适当了解。另外，目标企业的财务管理模式以及财务部人员结构、会计电算化程度、企业管理系统的应用情况也需要了解。

在获得上述信息之后，尽调小组还应对目标企业的会计政策和税费政策进行全面了解。

目标企业的会计政策包括：目标企业现行会计政策、近三年会计政策的重大变化、现行会计报表的合并原则及范围，近三年会计师事务所名单和近三年审计报告的披露情况。

目标企业的税费政策包括：现行税费种类、税费率、计算基数、收缴部门；税收优惠政策；税收减免/负担；关联交易的税收政策；集团公司中管理费、资金占用费的税收政策；税收汇算清缴情况。

2. 对目标企业具体财务状况的调查

目标企业财务报表的可靠性会影响财务尽职调查结果的可靠性，而财务报表的可靠性与企业本身内控程序是否完善有关。因此，一般情况下，进行尽职调查时亦应考虑内控程序的情况。例如可以通过访谈、画流程图等方法对目标企业内部的控制制度进行总体把握，了解目标企业的内部控制制度后，就可以对其财务状况、盈利能力、现金流进行详细调查。

尽调小组在对目标企业的财务状况进行调查时，对货币资金除了要核实它的真实性之外，还应该关注企业是否有冻结资金的存在。调查人员对应收账款要进行账龄分析、逾期账款及坏账分析、近年变化趋势及原因分析，要关注其是否被高估，对大额应收账款还应调阅销售合同。一般国内企业会将投资、开办费、前期亏损或待摊费用支出暂列其他应收款，因此调查人员在对其他应收款进行调查时，应具体查询有关内容，评析会计处理是否合适，并提出合适的建议以进行会计调整。

对存货的调查，调查人员应查阅最近一次盘点记录，关注发出商品、分期付款发出商品，找出积压、毁损、滞销、过时以及有变现问题的存货，确定提取的准备金是否足够，查询存货的计算方法，确定计算方法是否合适。进行长期投资调查时，调查人员对控股企业要验证其投资比例及应占有的权益，对参股企业了解其投资资料。对在建工程则要了解工程项目预算、完工程度、工程项目的用途、是否存在停工工程等。

固定资产的调查，土地房屋则通过审阅房屋、土地的产权证明文件，如土地证、房产证等调查；对机器、设备则要查询是否应报废或需要提取减值准备的机器设备。另外调查人员还应关注折旧提取的方法是否合理，折旧率是否反映固定资产的消耗情况和使用年限，折旧是否按照设定的折旧提取方法和折旧率计算已入账。

对无形资产的调查，则要分析无形资产的种类及取得途径、无形资产的寿命、计价依据。而对于银行贷款的调查，调查人员应取得和查阅明细表，明细表应注明利率、还款期、抵押、承诺等情况，还应查阅贷款合同，了解是否有资产抵押和担保等情况，还应测算贷款利息是否已足额提取，并已入账，并查阅是否存在违反贷款合同条款的情况。

对应付账款，调查人员应取得明细表，并应分析应付账款周期、供应商分布情况。为了防止目标企业存在有未入账的负债，调查人员还应查阅期后付款凭证，查阅董事会、股东会会议记录，与有关律师尽职调查工作配合，分析对应付税金的调查，应取得各项应付税金变动明细表，并询问各项税种是否均已如期申报、完税，询问是否存在漏报、虚报、少报的情况，查阅与税务机关的往来书信文件，分析所交税金是否合理。

对反映目标企业盈利能力的销售收入及成本进行调查时，调查人员应计算近几年销售收入、销售量、单位售价、单位成本、毛利率的变化趋势，分析近几年产品结构的变化趋势和目标企业大客户的变化及销售收入集中度、关联交易与非关联交易的区别及对利润的影响、目标企业的成本结构，发现关键成本因素，并就其对成本变化的影响做分析，对以上各因素的重大变化寻找合理的解释。

对目标企业的销售收入分析,调查人员可按主要地区、主要产品、主要客户进行分类。结合上述的各项分析,可以对目标企业的过去和将来的盈利前景有所预期。

对目标企业的三项费用分析,调查人员应按照费用明细表分析三项费用处理的合理性和未来走势与变化。

对其他业务利润,调查人员应该了解是否存在稳定的其他业务收入来源,以及近几年数据。对投资收益的调查,调查人员应关注近年对外投资情况及各项投资的报酬率。

调查人员对营业外收支的调查应关注是否有异常情况的存在。

对目标企业现金流的调查,调查人员应特别关注经营净现金流,并通过一些比率的计算检验经营净现金流是否能满足融资活动的利息支出净额,并应结合资产负债表及利润表,寻找除销售收入以外是否还存在主要的经营资金来源,对经营净现金流的贡献如何。

说明:尽职调查主要针对企业内部状况展开,对企业外部影响的调查一般仅限于行业研究报告以及经营、法律调查提供的资料。

1.5 财务尽职调查的基本程序

根据财务尽职调查业务的时间顺序,财务尽职调查项目小组在实施对目标公司的调查事务时,将财务尽职调查的过程一般分为业务承接和计划阶段、执行尽职调查程序阶段、财务尽职调查报告阶段三个阶段。

1.5.1 业务承接和计划阶段

尽职调查在业务承接和计划阶段,首要任务是了解委托人或投资者的战略规划和收购目标,以便在未来项目尽职调查过程中准确科学地获得尽职调查的关键内容,包括公司的组织架构、决策机制、人员构成、财务处理等重要信息;同时,需要重点关注投资者或委托人与目标企业在尽职调查安排中达成的框架协议内容,并将这些重要内容与委托人进行多轮确认;在此过程中，最重要的是与投资者或委托人达成内部或外部协议，内部协议应以商业信函的形式签署，外部协议可以以多种形式签署，但要注意说明尽职调查的最终评估标准；在签署协议后，应尽快确定尽职调查的目标、时间、范围，并将项目成员名单和项目实施计划提交投资者或委托人审查。此外，还需明确项目目标、项目流程、关键调查领域和预计调查成本。由于各个企业不同性质的原因，每次财务尽职调查都需要对提供的信息、数据、报表、图表进行保密，因此个别委托方或者投资人需要签订保密协议，这样不论投资是否成功，都可以保护自身商业秘密和商业利益。同时，财务尽职调查小组也应要求参与员工签署内部保密协议，明确相关法律责任与义务。在完成准备阶段的法律文件后，尽调小组下一步应建立财务尽职调查的内部文档管理制度，包括发文号、发文规范、组织机构图、职责清单、时间控制表、目标任务分解等，并指派人员专门负责文件和数据的归档管理工作。

1.5.2 执行尽职调查程序阶段

尽调小组在项目开始之前，必须向被调查公司发送一封函件，信函内容应说明委托关系、尽职调查所使用的方法和措施、开展尽职调查的时间以及各行动阶段的目标与任务，此外还应当向目标公司负责人提交财务尽职调查清单，列出需要目标公司提供的文件、时间、人员等内容。对于特殊事项，可安排与目标公司通过会议进行沟通，并发布目标公司的财务尽职调查问卷（或调查数据列表），如有可能，可利用专门时间解释行动计划。在此基础上，尽调小组将根据行动计划的内容召开内部澄清会议或演示会，对项目行动计划发生的变更，包括更改尽职调查的目标、程序、时间、地点、项目人员组成以及项目人员的联系方式等进行双向沟通。

尽调小组如需要计划经客户或投资者、目标公司批准，首先需要收集和分析目标公司的业务、财务、法律等，在这个过程中，一般需要从四个方面了解目标企业的基本信息：一是制作目标公司应根据内容提供正式资料的清单，如财务报表、商业合同、会计凭证、重要的政府文件等；对于未明确的内容，可以通过问卷或访谈进行再次确认。二是从法律尽职调查专业机构的调查资料综合分析一些目标公司的信息。比如法律尽职调查中以企业所在工商行政管理机构查询获得的工商注册信息、股东变更信息、实缴的注册资本信息等。三是通过对目标企业包括办公室、厂房、生产线在内的营业场所实地考察，进行实证、实账等核实和确认工作。四是通过目标企业的客户、供应商、行业主管部门、工商行政机构、税务机关、检察院、法院、房地产主管部门、技术监督局、人民银行、基本户开户行等，从政府、社会、第三方关系，搜集目标企业的各种相关信息。

行动准备阶段中，尽职调查小组应当安排专门的信息分析师，结合本次投资的目的进行外部资料的重点收集工作，并针对收集的信息进行分类整理，即分为真实信息、冲突信息、待审核信息、错误信息四类，以便后期工作的开展；最好是安排信息分析业内的财务人员进行专业分析和产业研究，记录工作日志并讨论日常工作的文档管理规范，以确保更有效地进行财务尽职调查。在项目执行阶段，尽职调查小组、委托人以及被调查公司相关人员应当召开例会，在首次会议中三方应当就行动计划达成一致意见，为开展后续工作打下基础。项目负责人应根据项目执行阶段的行动计划安排，合理地分解各项任务，根据公司的实际情况，合理安排实施时间和项目成员，在每日例会上尽职调查小组成员应当提交工作日记和工作底稿，确保项目负责人能够全面把握调查执行情况。

各分包的负责人在项目执行过程中遇到诸如货物不一致、报告错误等难以解决问题时，应在行动计划中统一与委托方及被调查公司的相关人员进行现场沟通和确认，保证信息准确无误、程序流程顺畅。报告等重大问题应当落实到书面上，确保工作凭证的规范性。在完成现场财务尽职调查之前，尽调小组必须根据领导意见、信息分析师的工作底稿，向目标企业提交"未决定事项列表"，列表应当说明提交的资料和验证的事实，具体内容包括提交时间、收件人姓名、补充截止日期以及不予提交后果等。

1.5.3 财务尽职调查报告阶段

项目报告是财务尽职调查中最为关键的内容，包括对于目标公司财务全面的介绍、分析、比较，而其重要性体现在对于财务风险的揭示与确认方面，这方面是分析和结论，也是前期工作底稿的结论性意见，是建立在科学基础上、合规的工作底稿上的，即对于项目报告的每一份数据和信息都是有凭证可以支撑和证明的。尽调小组提供的财务尽职调查报告，应包含四部分：目标企业背景介绍、重大发现、财务报表分析、收购风险建议。

整个财务尽职小组应当根据委托方或投资方的战略目标、投资策略，有针对性和选择性地陈述其本次财务尽职调查的重点内容，包括各财务事项的形成原因、形成过程、主要内容以及其对投资并购的影响等。特殊情况下，还可以提出对投资并购条款的建议和意见等，为投资者或委托人的决策提供参考。

尽职调查小组可以根据投资者或委托人的要求增加和删减工作内容，但需要注意的是，此种增减不应改变报告内容的完整性，切记不可提供虚假的报告内容。

报告初稿的撰写，应当把各子任务的项目负责人提交的子任务内容进行汇总，并结合各子任务之间的联络和并联性，充分吸收各子任务的调查成果和调查意见建议形成初步报告初稿。初稿中的结论性意见应当由各子任务负责人进行研讨，在充分咨询意见和建议后，可以采取二审制度进行表决，以便充分吸收各子任务负责人意见，以财务事实为基础，以财务制度为依据进行结论性初稿报告的撰写。初稿中的报告提纲，由于其具有统领性的作用，也应当在遵循基本原则的基础上采取能够提示重点财务尽职调查内容的撰写方法和作用等，力求在各子任务保证质量的同时，做到主题明确、详略有度。初稿完稿后，可以组织第三方内部机构对其内容进行外审，也可以由内部各子任务负责人互审，通过咨询和审核的质量保证制度安排，对初稿内容再进行复核，在此过程中也可提交委托方或投资方讨论未定稿内容，但不应当影响初稿内容的客观性。而当上述初稿内容基本定稿时，财务尽职调查的总负责人应按协调会的制度安排，正式给投资方发函组织一次研讨会，研讨会应有投资方或委托方专业的财务人员出席、专业的业务人员出席、专业的法律人员出席，主要研讨结论性的意见和风险提示内容，并根据其调整或关注的内容修订报告初稿，以期满足投资者的投资策略要求。

如果结论性的意见与投资方或委托方的意见有冲突，应该保证财务尽职调查的独立性和客观性，在事实的基础上，全面、完整、清楚地进行财务尽职调查的报告工作，以维护投资者或委托人的权益。当财务尽职调查报告完成时，总负责人还应当根据文稿管理的要求，履行文稿管理中各程序性文件的签收工作以及各协调会的会议记录制度，做到有迹可循，有据可查，其中交稿时应有正式的签署文件、份数、签收人等，以符合项目文档管理工作，这其中法律合同、电子文稿、录像资料的管理也属于文档管理的一类。

在报告阶段，受委托方应建立一个全面、灵活的报告系统，以满足不同客户对规范化报告内容的需要。提供报告时，受托方应当严格遵守委托协议中约定的内容，对尽职调查报告的内容严格保密，未经委托方同意，不得向任何第三方披露。尽职调查报告书需要明确界定委托人和受托人双方的责任。

以上就是财务尽职调查的基本步骤。任何一项大规模或者深层次的财务尽职调查都可以说是在上述基础上对每个节点进行细致化、丰富化的落地实施，以上三个阶段也可以用下图进行简单的概况。

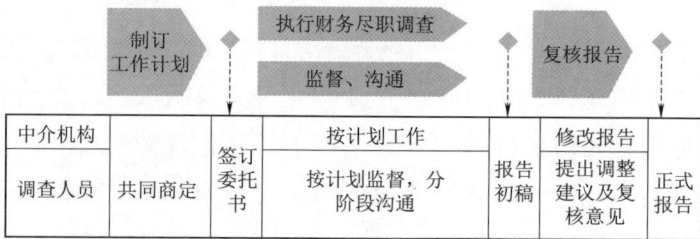

图 1-1　财务尽职调查基本流程

1.6　财务尽职调查与财务审计

财务尽职调查一般是指投资人在与目标企业达成初步合作意向后，经协商一致，投资人对目标企业一切与本次投资有关的事项进行现场调查、资料分析的一系列活动，其主要是在收购（投资）等资本运作活动时进行，但企业上市发行时，也需要事先进行尽职调查，以初步了解是否具备上市的条件。

财务审计是对资料作出证据搜集及分析，以评估企业财务状况，然后就资料和一般公认准则之间的相关程度作出结论及报告。

1.6.1　相同点

财务尽调与财务审计都需要做财务计算，计算公司的财务数据，都包含基本的审计程序，这里的基本审计程序指客户风险评估、内控评价程序和实质性测试程序。两种业务都需要对客户进行风险评估和内控评价，依赖风险评估和内控评价结果计划并执行实质性测试程序。

1.6.2　两者差异

1. 雇佣方

雇佣审计的通常是企业或者监管部门。而雇佣尽职调查的通常是投资人、收购/并购方或者贷款方。

企业在计税、上市、年检或年报时做的是审计；而在收购/并购、股权投资和贷款时做的是尽职调查。

2. 目的

审计的目的是客观地反映目标公司当前的财务情况；而尽职调查的目的更偏向寻找过去的问题以及做出对未来的预期。审计计算的是当前的价值；而尽职调查侧重于解答雇佣方（客户）的疑惑以及反映某种价值趋势。审计中我们一般假设客户是友好的，无不良动机，因此审计程序的选择比较传统，基本照搬标准程序即可。

而尽职调查中一般假设客户是奸诈的，有不良动机，因此尽职调查程序的选择相对灵活，会引入更多的调查确认客户报表情况的真实性，包括更多与普通员工接触聊天、上下游企业询问，以及收集任何其他相关的第三方证据。

3. 途径

审计是通过资料进行证据搜集及分析，以评估企业财务状况，然后就资料及准则之间的相关程度给出结论及报告。

而尽职调查，通常包括财务、法律和业务三方面，而且其目的不同，尽职调查并没有专门的准则，而是根据需求制定具体的调查方案。

4. 执行人

基于第三点，审计的执行人通常是审计师或者会计师事务所；而尽职调查通常包括审计师、律师以及业务专家。

第三方尽职调查，即雇佣专门的第三方团队进行调查。而这些第三方团队中，通常包括大量的审计和法律从业人士，以及不同行业的专家。第三方尽职调查为满足客户需求，同时提供专业意见，结论更详尽严格，其实就是被动保证。

5. 重点

审计的重点是提供真实可靠的数据，而依据多是过往的会计记录、合同协议和公司运营资料。

尽职调查除了纸面资料的探索，还需要实务的调研，需要了解对象与上下游之间的关系，对象产品的市场前景、客户分布、竞争对手、供应链，测算客户复制商业模式的成本、资本需求量，深入了解和分析对象公司的系统架构和主要管理者背景，对象的渠道和营销模式，公司的基础硬件等。而这些，在做审计时未必会涉及。

6. 报告内容

审计报告格式统一，阐述清楚报表的准确性和公允性即可。而尽职调查中，需要大量篇幅用于对客户的分析，包括客户的收入、供应链、人力资源、法律税务合规、资本需求等，进行趋势分析、因素分析等。

第 *2* 章

财务尽职调查的流程

一般而言，财务尽职调查小组对目标企业的尽调主要从四个方面展开，分别是：公司的设立与发展历程，公司的组织结构、治理及内部控制，同业竞争与关联交易，公司和业务发展目标。本章将具体介绍财务尽职调查小组在这四个方面的具体操作过程。

2.1 目标公司的设立与发展历程

对目标公司设立及发展历程展开了解是进行财务尽职调查的第一步。通过了解公司的设立背景、历史沿革以及股权结构及其变动，可以充分地了解目标公司的背景、股东出资情况以及股权真实性等关键风险领域。类比到恋爱过程，这一步骤相当于查明恋爱对象的家族情况、家庭现有人口、婚恋史等，判断对方是否可靠、值得托付。

1. 设立的合法性和真实性

取得目标公司成立时政府的批准文件、营业执照、公司章程、合资协议、评估报告、审计报告、验资报告、工商登记文件等，核实设立程序的合法性和真实性。

2. 历史演变

查阅目标公司历年营业执照、公司章程、工商登记、工商年检等资料，了解其历史沿革。

3. 股东出资情况

①了解公司名义股东与实际股东是否一致。

②关注自然人股东在公司的任职情况，关注其亲属在公司的投资和任职情况。

③检查股东出资时的验资资料。调查股东的出资是否及时到位，出资方式是否合法，是否存在出资不实、虚假出资、抽逃资金等情况。

④核实出资资产的所有权是否为股东合法拥有，是否存在潜在纠纷，产权是否完成过户。以实物资产、土地使用权等非现金资产进行出资的，应当参照财产估价报告予以评估；以高新技术成果出资的，应当根据相关部门出

具的高新技术成果认定书进行核查。

4. 主要股东情况

①了解股东的直接和间接持股情况。

②调查各大股东的股权结构、主营业务以及生产经营等情况；大股东之间是否存在关联关系或一致行动以及相关协议；主要股东是否存在将所持股份进行质押、冻结和其他权力限制情况；控股股东和受控股股东、实际控制人与其支配的股东之间关于公司股份的所有权纠纷情况；主要股东和实际控制人近几年的变动情况或未来可能发生的变动情况。

③调查主要股东是否影响公司的正常运作和管理，是否侵犯公司和其他股东的利益，是否违反相关法律法规等。

5. 重大股权变动情况

①核查与公司重大股权变动相关的股东大会、董事会、监事会（以下简称三会）有关文件，政府批准文件，评估报告，审计报告，验资报告，股权变更协议和工商变更登记文件等，验证公司历次增资、减资、股东变更的合法性和合规性。

②检查公司股本总额、股东结构、实际控制人是否发生重大变化。

6. 重大重组情况

①了解目标公司成立后的合并、分立、收购或出售资产、资产置换、重大增资或减资、债务重组等重大重组事项。

②取得三会关于重大重组事项的决议、重组合同、政府批准文件、审计报告、评估报告、中介机构专业意见、债权人同意转让债务的文件决议、与重组和资产转让文件有关的对价付款单等资料。

③分析重组对公司业务、控制人、高级管理人员、财务状况和运营能力的影响，评估重组是否导致公司主营业务和运营资产发生实质性重大变化。

2.2 组织结构、公司治理及内部控制

在对目标公司背景有足够的了解之后，接下来需要关注目标公司的组织结构、公司治理及内部控制。这一部分主要从公司内部文件出发，对公司架构、管理和内部控制等进行调查，证明公司内部管理合法合规，有效有序。

类比到恋爱过程，这一步骤相当于根据恋爱对象的行为举止重新审视其个人品质，判断其是否可靠。

2.2.1 公司章程及组织结构

1. 公司章程

①审核目标公司章程，调查其是否符合《中华人民共和国公司法》（简称《公司法》）、《中华人民共和国证券法》（简称《证券法》）及中国证监会和证券交易所的有关规定。

②关注董事会授权情况是否符合规定。

2. 组织结构

①取得目标公司内部组织结构图。

②调查总部及子（分）公司董事会、专门委员会以及各职能部门内部控制的形式、水平、执行情况及反馈情况，分析评估公司整体组织运作的有效性。

③判断目标公司的组织架构是否健全，其设置是否合理以及能否体现明确分工、相互制约的治理原则。

2.2.2 三会设立及职责履行

获取并检查目标公司治理制度的规定，包括董事会议事规则、董事会专门委员会议事规则、总经理工作制度、内部审计制度等文件，确定公司是否依法成立，是否完善股东大会、董事会和监事会、独立董事和董事会秘书制度，了解董事会和监事会，以及战略、审计、薪酬和考核等事项，并确认上述机构和人员是否能够完整、清晰地按照公司章程履行职责。

2.2.3 独立性情况

调查目标公司的独立性情况，可参考以下内容：

①根据公司的生产、采购、销售记录，检查公司的生产、供销体系，检查分析公司是否有完整的业务流程，拥有独立的生产和运营设施以及独立的采购和分销系统，并调查和分析其对生产、供应和分销系统及其子公司的控制。

②计算关联方的购买价格和销售金额在公司购买总额和同期销售总额中的份额，分析是否与关联方发生重大或频繁交易，影响公司的独立性，并评估其是否具有商业实质和业务独立性。

③商标、专利、著作权、特许经营权等无形资产，以及房地产、土地使用权、主要生产资料、设备等重要财产，是否存在完整合法的所有权。审查商标、专利、版权和专有权的期限，查看这些资产是否存在法律争议或可能存在争议；检查公司的其他大额长期应收款、其他负债、垫款和预付款的原因、交易记录和资金流，并调查企业的资产是否由控股股东或有效控制人及其关联方控制和占用，并评估其资产的独立性。

④检查管理层是否存在控股股东、实际控制人和其他公司控制人担任除董事、监事以外的其他职务；公司财务人员、高级管理人员是否在控股股东、实际控制人及其控制的其他企业中兼职，是否收到报酬；检查公司员工的工作、人事、工资、薪酬和社会保障是否独立管理，并对独立性进行评估。

⑤检查企业是否建立了独立的财务部门，是否具有独立的会计制度，是否有标准化的财务会计制度，分支机构和子公司是否有标准化的财务会计制度和财务管理制度，是否独立作出财务决策、开立账户和纳税，并评估其财务独立性。

⑥审查目标公司的组织是否与控股股东或实际控制人完全分离并独立运营，是否存在混合经营或联合办事处，以及在机构设置方面是否具有完全的自主权，评估其独立性。

2.2.4 独立董事制度

审查目标公司的独立董事制度，建议从以下方面入手：
①验证目标公司是否建立独立董事制度，并判断此项制度是否合规。

②核实目标公司独立董事的资格和权力是否符合有关部门的有关规定。

2.2.5 业务控制及会计管理控制

1. 业务控制

检查目标公司的业务应注意以下方面：

①与目标公司相关运营部门和业务管理沟通，审核各项业务管理相关的规章制度，了解各项业务周期流程，评估目标公司是否有效实施内部控制。

②核实公司是否已接受政府和其他外部审计机构的审计。如果是，要求公司就审计报告提出的问题提供反馈，并检查这些问题是否得到有效解决。

③调查公司报告期及上一期的经营活动是否符合监管部门的相关规定，是否存在违反工商部门、税务机关、审计、工作保护和环境保护的规定以及是否受到相关处罚。如果是，评估处罚及其对公司运营和财务状况的影响，调查事件是否得到纠正，不良后果是否已消除。

④调查因缺乏风险控制导致的公司损失，了解事件原因及其对公司财务状况和经营业绩的影响；了解与商业环节相关的内部控制制度的规定和有效性，公司是否采取应急修复措施以及实施后的效果如何，监控目标公司的改进措施及其对内部控制薄弱环节的影响。

2. 会计管理控制

检查目标公司的以下内容：

①会计管理是否覆盖所有业务流程。

②是否建立专门的、灵活的业务会计制度。

③各级会计人员是否具备相应的专业素质。

④是否制定持续、有效的人才培训制度。

⑤是否存在相关的风险控制制度和规定。

⑥在设置会计岗位时是否严格遵循"责任分离，相互制约"的原则。

⑦是否实施重要会计业务和电算化操作授权规定。

⑧是否按规定组织对账等。

对公司会计管理内部控制的完整性、合理性及有效性进行评价。

2.3　同业竞争与关联交易

除了内部管理外，关注目标公司的同业竞争和关联交易情况同样至关重要。这些极其容易暗藏风险的方面可能会帮助公司伪造蒸蒸日上的假象，需要重点识别。类比到恋爱过程，这一步骤就是通过蛛丝马迹，判断恋爱对象是否存在纠缠不清的其他对象或者存在对其他人山盟海誓的情况，必须高度重视。

2.3.1　同业竞争

分析目标公司控股股东或实际控制人控制的其他企业的财务报告以及主营业务构成等相关数据，必要时还可以获取上述单位的生产、库存、销售和其他相关信息，并通过询问公司控股股东或实际控制人以及实地考察等方式，研究公司控股股东或实际控制人控制的其他企业的实际业务范围、业务性质、客户、公司产品的可替代性等，判断是否存在同业竞争的情况，并检查公司的控股股东或实际控制人是否做出避免同行业竞争的承诺以及承诺的履行情况。

2.3.2　关联方与关联方关系

尽调小组可以从以下两方面审查关联方与关联方关系。

①通过与目标公司高管谈话、咨询中介机构、查阅目标公司及其控股股东或实际控制人的组织架构和股权结构、检查目标公司重要合同与重要会议记录等方法，根据《公司法》和《企业会计准则》的规定，确认公司的关联方及关联方关系，对关联方的工商登记资料进行调档查阅。

②调查关联方单位是否聘用公司的高级管理人员与骨干技术人员并支付薪酬，是否存在由关联方单位直接或间接委派等情形。

2.3.3　关联交易

审查关联交易时，应注意以下几点：

①核实关联交易是否符合相关法律法规的规定，是否履行公司章程或其他规定中的必要批准程序。

②定价依据是否充分，定价是否公允，与市场交易价格或独立第三方价格是否存在较大差异，并调查产生差异的原因，判断交易是否存在单边获利性。

③通过分析公司向关联方采购的金额占公司采购总额的比例，以及公司向关联方销售取得的销售收入占总销售收入的比例，判断关联方交易是否影响公司的经营独立性。

④分析关联方交易的真实性，计算关联方应收、应付账款项余额占公司应收、应付账款项余额的比例，判断关联方应收账款收回的可能性。

⑤根据关联方交易产生的利润是否占公司利润总额的较大比例，判断公司业绩的稳定性是否受到关联方交易的影响。

⑥调查关联方交易过程中是否存在大额销售退货的情况，分析并判断其对公司财务状况的影响。

⑦分析关联交易的偶发性和经常性。对于经常性关联交易如购销商品、提供劳务等，分析其增减变化的原因并判断该交易在未来是否能够持续发生，注意关联交易合同的重要条款是否明确，是否存在操作空间以及是否切实得到履行；对于偶发性的关联交易，我们更应该关注交易价格、交易目的和实质，并且分析交易对当期经营成果和主营业务的影响，判断该交易对公司独立性的影响程度。

2.4　业务发展目标

一个企业的格局跟一个人的格局类似，如果自身格局不够，那就注定其未来发展之路受限。而所谓企业的格局将通过目标公司的发展战略、经营理念、经营模式及业务发展目标反映出来，作为评判目标公司发展趋势的重要参考。类比到恋爱过程，这一步骤就是帮助判断对方的优劣势与定位，并预测其未来走向。

1. 发展战略

获取战略策划资料、董事会会议纪要、战略委员会会议纪要、独立董事意见等与目标公司中长期发展战略有关的文件，分析公司是否已经确立清晰、具体、可行的发展战略以及相应的行动计划，包括战略目标以及实现战略目标的依据、步骤、方式、手段等各方面信息。

2. 经营理念和经营模式

通过对目标公司业务流程的分析，了解公司的经营理念和经营模式，判断其对公司经营管理和未来发展的影响。

3. 业务发展目标

①取得目标公司未来三年的整体发展规划和业务发展目标，通过政策分析与市场调研，判断行业的未来发展趋势以及市场竞争情况，采用与公司高管和员工、主要供应商、主要客户谈话的方法，调查公司未来发展目标是否与公司的发展战略相匹配。

②调查目标公司在管理、产品、人员、技术、市场、投融资、并购、国际化等方面是否拟订详细的计划，分析这些计划是否切实可行，以及能否匹配公司未来的发展目标。

③分析未来发展目标实施过程中是否存在不当市场扩张、过度投资等方面的风险。

④分析目标公司未来发展目标和具体计划与公司现有业务之间的关系，如公司与他人合作实现某个计划，应核对公司合作伙伴及相关合作条款。

第 *3* 章

财务组织情况调查

在实务中，全方位并且百分百完整的尽职调查是不存在的。正如恋人相处时，很多缺陷和矛盾并不能完全被发现一样。这就要求投资人抓住财务、法律、业务等关键要素，并在有限的范围内，尽可能多地获得目标资产或者目标公司的信息。

其中，为了更充分了解目标公司的财务组织情况，帮助判断目标公司财务数据的真实性，财务尽职调查小组需要对目标企业的财务组织架构、财务管理模式、财务人员构成以及财务信息系统应用情况进行详细的调查。本章具体介绍财务尽职调查小组在这四个方面的具体操作过程。

3.1　财务组织架构

账务组织是指各种账簿设置、核算程序和账务核对的有机配合，是银行会计基本核算方法的有机组成部分，是保证核算质量的有效手段。财务岗位需要工作细致、责任心强、为人诚实可靠，具备良好的职业操守和专业判断能力，良好的沟通能力以及团队合作精神的人才能胜任。

3.1.1　财务组织架构设计

财务部基本任务是做好各项财务收支的计划，控制、核算、分析和考核工作；参与经营投资决策；有效利用公司各项资产；努力提高经济效益。具体的财务组织架构设计，如下图所示。

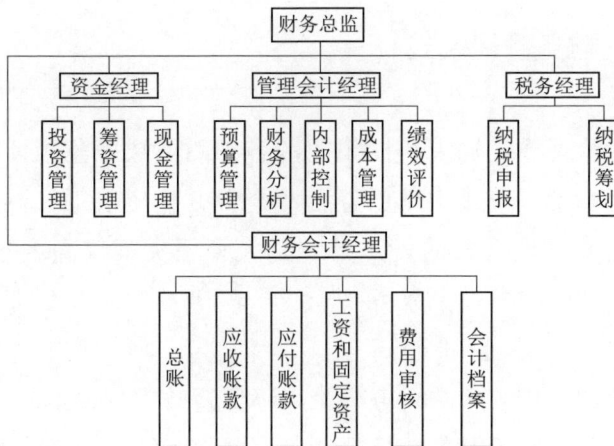

图 3-1　财务组织架构示例

3.1.2 财务组织架构的评价

可能一些财务人员习惯的思维是有多少个责任中心，就按照责任中心配置会计和出纳。对于独立的责任中心较少，业务相对简单的企业组织，这样的财务组织架构问题不大，但是也存在缺陷，即各责任中心的财务人员工作量不平衡，财务人员的统一调度存在困难，上岗培训、轮岗等工作比较耗时。那些管理规范、规模较大的企业组织，往往更倾向于按核算分工等设计组织架构。

一个公司的财务组织架构需要考虑多方面的因素。首先要考虑自身的业务和整体的组织架构；其次还要考虑投资人和管理层的需求。只有满足双方需求的财务组织架构才能顺利开展工作。

3.2 财务管理模式

财务管理是组织资金运动，处理相关财务关系的一项经济管理工作，是一种价值管理，渗透和贯穿于企业一切经济活动之中。财务管理模式分为：集权式财务管理模式、分权式财务管理模式和综合式财务管理模式。以下将针对每种财务管理模式逐一展开介绍。

3.2.1 集权式财务管理模式

集权式财务管理模式是指企业集团的各种财务决策集权于集团公司，集团公司集中控制和管理集团内部的经营和财务并作出决策，同时成员企业必须严格执行。这种管理模式的特点是：财务管理决策权高度集中在母公司，子公司只享有少部分财务决策权。

优点：

①便于指挥和安排统一的财务决策，降低行政管理成本。

②有利于母公司发挥财务调控功能，完成集团统一财务目标。

③有利于发挥母公司财务专家的作用，降低公司财务风险和经营风险。

④有利于统一调剂集团资金，保证资金利用，降低资金成本。

缺点：

①财务管理权限高度集中于母公司，容易挫伤子公司经营者的积极性，抑制子公司的灵活性和创造性。

②高度集权虽能降低或者规避子公司的某些风险，但决策压力集中于母公司，一旦决策失误，将产生巨大的损失。

3.2.2　分权式财务管理模式

分权式财务管理模式指按照重要性原则对集团公司和各成员企业进行财务控制，把管理和决策权进行适当的划分，集团公司只是专注于方向性、战略性的问题。

这种管理模式的特点如下：

①在财务上，子公司在资本融入、投出和运用，财务收支费用开支，财务人员选聘和解聘，职工工资福利及奖金等方面均有充分的决策权，并可以根据市场环境和公司自身情况做出更大的财务决策。

②在管理上，母公司不采用指令性计划方式干预子公司的生产经营活动，而是以间接管理为主。

③在业务上，母公司鼓励子公司积极参与竞争，抢占市场份额。

④在利益上，母公司往往把利益倾斜子公司，以增强其实力。

优点：

①子公司有充分的积极性，决策快捷，易于捕捉机会增加创利机会。

②减轻母公司的决策压力，减少母公司直接干预的负面效应。

缺点：

①难以统一指挥和协调，有的母公司因追求自身利益而忽视甚至损害子公司的利益。

②弱化母公司财务调控功能，使母公司不能及时发现子公司面临的风险和重大问题。

③难以有效约束经营者，容易造成子公司内部控制人问题，挫伤广大职工积极性。

3.2.3 综合式财务管理模式

综合式财务管理模式是将集权式财务管理模式和分权式财务管理模式相结合的一种新型财务管理模式。这种管理模式既结合了集权式财务管理模式的优点，便于指挥和安排统一的财务决策，降低行政管理成本，有利于母公司发挥财务调控功能，完成集团统一财务目标；同时又给予子公司一定的权利，让子公司有充分的积极性，增加决策的快捷性，也可以减轻母公司的决策压力，减少母公司直接干预的负面效应。

3.3 财务人员结构

从公司发展的经验来看，财务人员结构一般遵循职责分离的基本原则，并且随着企业的发展程度和企业主的认知能力而不断演进。

3.3.1 财务部门的人员构成

公司财务部由财务总监、财务经理、主管会计、收入会计、成本会计、出纳等人员组成。一个具体的财务人员构成如下图所示。

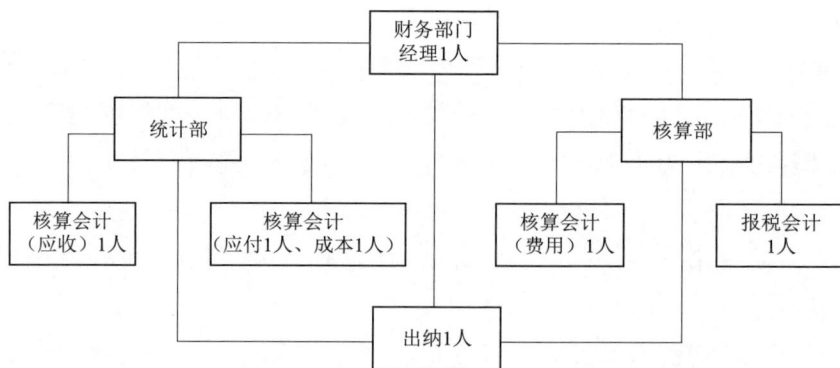

图 3-2 财务人员构成结构图示例

3.3.2　财务人员的岗位职责

1. 财务总监的工作职责

①在公司董事长及总经理领导下，总管公司财务工作。

②制定、实施公司财务战略，以支持公司推行经营战略。

③负责制订公司利润计划、资本投资、财务规划、销售前景、开支预算及成本标准。

④进行税收管理和方案制定。

⑤健全公司内部核算体系和财务管理的规章制度。

⑥开展经济活动分析，编制公司财务计划、成本计划、增收节支、提高效益。

⑦监督公司遵守国家财经法律、纪律，以及董事会决议。

2. 财务经理的工作职责

①主持财务部门全面工作，组织并督促部门人员全面完成职责范围内的各项工作。

②制定、维护、改进公司各项财务管理制度和政策，并监督其执行情况。

③建立健全经济核算制度，利用会计资料进行经济活动分析，提出合理化建议。

④编制和执行财务计划，拟订资金筹措和使用方案，合理有效地使用资金。

⑤对公司税收进行筹划与管理，监督纳税申报工作的完成情况。

⑥负责建立和完善公司财务稽核、审计内部控制制度，监督其执行情况。

⑦对公司重大的投资、融资、并购等经营活动提供建议和决策支持。

⑧进行公司成本管理，开展成本预测、控制、核算、分析工作，提高盈利水平。

⑨承办上级领导交办的其他工作。

3. 主办会计的职责

①按时编制月、季、年度会计表，做到数字真实、计算准确、内容完整、说明清楚、报送及时。

②负责每月按规定进行各项预提和待摊费用的核算。

③负责公司各部门的费用报销业务手续。

④负责领导所属的出纳员、记账员、会计员按要求记账收款，如实反映和监督企业的各项经济活动和财务收支情况，保证各项经济业务合情、合理、合法。

⑤负责指导、监督、检查和考核本组成员的工作，及时处理解决工作中发生的问题，保证本组的会计核算工作正常进行。

⑥负责企业管理费核算，认真审核收支原始凭证。

4. 收入会计的职责

①负责收入账户的核算，根据企业会计准则"收入"的规定，分清收益、收入等界限，正确确认收入。

②每日审核日报表和相关收入单据，及时入账核算。

③对往来账及时进行对账工作，要求及时挂账、对账，记账内容必须正确，清楚反映业务往来关系。

④每月月底根据往来账上的未了款项列出清单。

⑤因业务问题而造成账款收不回来时，配合有关人员对此作出分析，报请领导，使企业往来账款能及时、完整地收回。

⑥对每月的收入结构变动情况进行分析。

⑦承办经理或主管交办的其他工作。

5. 成本会计的职责

①审核公司各项成本的支出，进行成本核算、费用管理、成本分析，定期编制成本分析报表，加强成本控制促进降低成本。

②进行有关成本管理工作，主要做好成本核算和控制，负责成本的汇总、决算工作。

③协助各部门进行成本经济核算，并分解下达成本、费用、计划指标，收集有关信息和数据，进行有关盈亏预测工作。

④负责统计成本资料的整理、归档、数据库的建立，计算资料并按月装订，定期归档。

⑤加强产成品和半成品的核算，每月末进行成本分配，及时与生产、销售部门核对在产品、产成品并编制差异原因上报。

⑥负责对公司的积压库存与原材料处理等情况进行统计分析，不定期地对库存账，对实际情况进行抽查。

⑦学习掌握先进的成本管理和成本核算方法及计算机操作方法，提出降低成本的控制措施和建议。

6. 出纳的职责

①公司对内的收付款相关工作，员工每月工资的发放，员工平时报销款项的核对、打款，并做好相应的数据统计和录入。

②公司对外与收付款相关的工作，包括跟各供应商、客户之间的收付款相关工作，公司间划款等，确保收款的准确性和及时性。

③与收付款相关的各类银行业务、系统维护等工作，公司的银行开户、销户，网银维护及信息更新等日常管理；维护银行余额表、银行对账单及回单的打印、整理；日常收付款和第三方支付系统的维护等。

④现金、票据等的保管工作，负责公司的少量现金、银行票据的保管工作。

⑤各类数据、报表的制作。根据公司对出纳工作的相关管理要求，及时更新和管理相关数据、报表、并进行简单的分析，出具分析报告等。

3.4　财务信息系统应用情况

随着互联网和信息化的发展，在进行财务尽职调查时除了考虑目标公司的财务部门建设和管理情况，还需要重点关注目标公司的财务信息系统应用情况，考虑其会计电算化应用程度、财务信息系统选择以及可能出现的财务信息系统风险对财务数据真实性的影响。

3.4.1　会计电算化应用程度

会计电算化也叫计算机会计，是指以电子计算机为主体的信息技术在会计工作的应用。具体而言，就是利用会计软件，在各种计算机设备替代手工完成或在手工下很难完成的会计工作过程。会计电算化是以电子计算机为主的当代电子技术和信息技术应用于会计实务的简称，是一个应用电子计算机的会计信息系统，它实现了数据处理的自动化，使传统的手工会计信息系统发展演变为电算化会计信息系统。会计电算化是会计发展史上的一次重大革命，它不仅是会计发展的需要，而且是经济和科技对会计工作提出的要求。

目前企业操作会计电算化软件的现状是：

①会计专业知识全面的较多属于年纪较大的会计人员，但是他们对计算机的熟识程度较低，动手和掌握能力较弱。

②计算机操作能力强的大多属于没有太多会计经验的年轻会计人员。

③会计是一门不断学习的技能，专业的会计人员要不断更新自身的会计专业知识和计算机操作能力，在学习和实践的过程中需要一定的熟悉阶段，在遇到实际问题时仍较为棘手。

④企业对开展会计电算化工作认识淡薄。我国企业基本已经实现会计电算化代替传统的手工会计，但是企业对会计电算化的认识淡薄，会计电算化仍然简单地停留在会计软件记账、算账等数据核算上，并没有意识到用好会计电算化对企业的实际意义。这些问题最终导致会计电算化只是实现了它的会计功能，并没有应用于企业的全面管理中，没有充分利用会计电算化管理预测和分析功能。

3.4.2 财务信息系统的选择

财务信息系统是指以统一合理的部门合作、疏通的信息渠道为依托，以计算机、Internet 网络、网络财务软件为手段，所建立的财务信息服务系统，它运用本身所特有的一套方法，从价值方面对事业、机关团体的经营活动和经营成果，进行全面、连续、系统的定量描述。财务各项活动都与信息有关，收集原始凭证是获取生成财务信息的会计数据；设置账户是对财务数据进行分类；填制记账凭证和登记账簿是把财务数据转化为财务信息并进行信息的传递和存储；账簿和报表的查阅则是财务信息的输出。财务活动的各个环节相互联系、相互衔接，实现由财务数据到财务信息的转换过程。

常用的国产财务信息系统有金蝶、用友；国外的有 SAP、Oracle 等。

3.4.3 财务信息系统的风险

1. 会计信息系统的安全

会计信息系统的安全是指系统保持正常稳定运行状态的能力。会计信息系统的安全风险是指由于人为的或非人为的因素使会计信息系统保护安全的能力减弱，从而造成系统的信息失真、失窃，企业资金财产损失，系统硬件、软件无法正常运行等结果发生的可能性。保护系统的安全就是保护系统免遭破坏或遭到损害后系统能够较容易再生。会计信息系统的安全风险主要表现在以下三个方面：

（1）企业资产损失

利用非法手段侵吞企业资产是会计信息系统安全风险的主要形式之一，其手段主要有：未经许可非法侵入他人计算机设施、通过网络散布病毒等有害程序、非法转移电子资金及盗窃银行存款等。随着犯罪技术的日趋多样化、复杂化，信息系统犯罪更加隐蔽，更加难以发现，涉及的金额也从最初的几千元发展到几万元，甚至几亿元，安全风险损失越来越大，后果也随之越来越严重。

（2）企业重要信息泄露

在信息技术高速发展的今天，信息在企业的经营管理中变得越来越重要，成为企业的一项重要资本，甚至决定企业在激烈的市场竞争中的成败。网络的普及让信息的获取、共享和传播更加方便，同时也增加了重要信息泄密的风险。因此，利用高技术手段窃取企业重要机密成为当今计算机犯罪的主要目的之一，也是构成系统安全风险的重要形式。比如，窃取企业重要的会计信息并泄露给竞争对手以达到某种非法目的等，常常对企业造成无法估量的损失。

（3）系统无法正常运行

网络会计主要依靠自动数据处理功能，而这种功能又很集中，自然或人为的微小差错和干扰，都会造成严重后果。无论是无法避免的自然灾害，或者是出于非法目的而输入破坏性程序、操作者有意无意地操作造成硬件设施的损害、计算机病毒的破坏等都有可能使会计信息系统的软件、硬件无法正常工作，甚至系统瘫痪，造成巨大损失，给企业带来很多不便。

2. 影响会计信息系统安全的因素

影响会计信息系统安全的因素大致可以分为三个方面：硬件系统安全、软件系统安全、会计操作人员的因素。

（1）硬件系统安全因素

①不正确操作。计算机系统的操作人员对硬件设备的不正确操作可能引

起系统的损坏，从而进一步危害系统的安全。不正确的操作主要是指操作人员不按规定的程序流程使用硬件设备，例如不按顺序开机、关机，有可能烧毁计算机的硬盘，从而造成数据的泄露甚至导致数据的全部丢失。

②人为因素。人的因素在保障会计信息安全过程中起着主导作用，会计信息系统操作人员出于主观故意篡改数据或不按程序操作，会直接影响会计信息的真实性和可靠性、可用性。有意破坏系统硬件设备者可能是系统内部操作人员，也可能是系统外部人员。破坏者出于某种目的，例如发泄私愤或谋取不法利益等，从而破坏计算机硬件，致使系统运行中断或毁灭，这种破坏行为可能是以暴力的方式破坏计算机设备，也可能通过盗窃等手段破坏计算机系统。例如窃走存有数据的硬盘，或者利用计算机病毒的发作造成硬件损坏等。

③不可预测的灾难。不可预测的灾难虽然发生的概率非常小，但不意味着不可能发生，一旦发生对信息系统的破坏性极大，所以必须引起足够的重视，例如火灾或某些元件的损坏，可能造成整个系统的崩溃。

（2）软件系统安全因素

①计算机病毒。计算机病毒实际上是一段小程序，它具有自我复制功能，常驻留于内存、磁盘的引导扇区或磁盘文件，在计算机系统之间传播，常常在某个特定的时刻破坏计算机内的程序、数据甚至硬件。据统计，全世界发现的各种计算机病毒已经超过 24,000 种，并且正以每月 300～500 种的速度疯狂地增长。由于病毒的隐蔽性强、传播范围广、破坏力大等特点，对远程网络会计信息传输的安全构成非常大的威胁，查杀病毒已成为系统安全保护的一个重要也是必不可少的方式。

②网络黑客，是指非授权侵入网络的用户或程序。黑客最常用的诡计有以下几种：a. 捕获，许多程序能够使破坏者捕获一些个人信息，尤其是口令；b. 查卡，这种程序是"捕获"程序的一部分，它主要捕获信用卡密码；c. 即时消息轰炸，利用即时消息功能，黑客可以采用多种程序，以极快的速度用大量的消息"轰炸"某个特定用户；d. 电子邮件轰炸，用数百条消息、以填塞个人的 E-mail 信箱，是一种在线袭扰方法；e. 违反业务条款，这种诡计相当于在网上陷害某人，有些程序可使这种欺骗活动看起来就像是某个用户向黑客发送一条攻击性的 E-mail 消息；f. 病毒和特洛伊木马，这些程序看起来像一种合法的程序，但是它静静地记录用户输入的每个口令，然后把它

们发送给黑客的网络信箱，从而通过盗窃系统合法用户的口令，并以此口令合法登录系统以实现非法目的。

（3）会计操作人员的安全因素

①操作人员篡改程序和数据文件。操作者通过对程序做非法的改动，导致会计数据的不真实、不可靠、不准确或以此达到某种非法目的，例如转移单位资金到指定的个人账户。

②有权和无权用户的非法操作。主要是操作员或其他人员不按照操作规程或非法操作系统，改变计算机系统的执行路径从而破坏数据的安全。

③窃取或篡改商业秘密、非法转移电子资金和数据泄密等。会计数据的泄密主要是指系统的用户或数据保管人员把本企业会计信息通过硬盘或网络等介质透露给竞争对手；窃取或篡改商业秘密是系统非法转移用户利用不正常手段获取企业重要机密的行为；借助高技术设备和系统的通信设施非法转移资金对会计数据的安全保护构成很大威胁。

除此之外，操作人员通过非法修改、销毁输出信息等损坏计算机系统的方式达到掩盖舞弊行为和获取私人利益的目的，也是构成系统安全风险的一个重要因素。

第 *4* 章
财务报告情况调查

　　财务尽职调查是从财务的方面了解目标公司的状况，为投资决策过程提供参考。为了实现辅助投资决策这一目的，财务尽职调查的关键步骤就是通过分析目标公司的财务报告，并通过横向、纵向对比，发现目标公司的投资价值以及潜在风险。本章将从财务报告核查及总体评价、分部与子公司财务报告核查、重要并购事项的特殊核查及会计政策的选择及变更四个方面展开，对目标企业的财务报告情况进行调查。

4.1 财务报告核查及总体评价

财务报告是指企业对外提供的反映企业某一特定日期财务状况和某一会计期间经营成果、现金流量的文件，它主要包括资产负债表、损益表、现金流量表及其附表和附注。

报表使用者通过对目标企业财务报告进行核查，能够发现关键及重大财务因素，有助于充分、准确地评估企业存在的财务风险及投资价值，作出合理的评价。一个全面、有效的总体评价能够对企业未来前景作出预测，为投资者提供决策建议。

财务报告的评价方法主要有四种：一是比率分析法，指利用同一时期财务报表中两项相关数值之比揭示企业的财务状况或经营成果的分析方法。二是比较分析法，指通过有关财务指标的对比分析揭示企业财务状况和经营成果的分析方法。三是趋势分析法，指利用连续数期的财务报告资料，对企业财务状况的变动趋势做出判断的分析方法。四是综合分析法，指从总体上评价企业财务状况的分析方法。

4.1.1 资产负债表核查

资产负债表是利用会计平衡原则，将合乎会计原则的资产、负债、股东权益交易科目分为"资产"和"负债及股东权益"两大块，在经过分录、转账、分类账、试算、调整等会计程序后，以特定日期的静态企业情况为基准，浓缩为一张报表。

资产负债表主要提供有关企业财务状况方面的信息，以及某一日期资产的总额及其结构，表明企业拥有或控制的资源及其分布情况，即有多少资源是流动资产、有多少资源是长期投资、有多少资源是固定资产等；也可以提供某一日期的负债总额及其结构，表明企业未来需要用多少资产或劳务清偿债务以及清偿时间，即流动负债有多少、长期负债有多少、长期负债中有多少需要用当期流动资金进行偿还等；还可以反映所有者所拥有的权益，据以判断资本保值、增值的情况以及对负债的保障程度等。资产负债表还可以提供进行财务分析的基本资料，如将流动资产与流动负债进行比较，计算出流动比率；将速动资产与流动负债进行比较，计算出速动比率等。因此，投资方能够通过资产负债表，在短时间内了解一家企业的经营状况。

具体而言，财务尽调人员应重点关注以下几点：

①如出现较大偏离同行业公司平均水平的财务指标或有较大变动的各项财务指标及相关会计项目，应要求管理层作出说明，并重点调查。

②关注应收账款余额及其变动是否合理，应取得应收账款明细资料，结合公司行业特点和业务收入状况进行分析。

③核查大额应收账款的真实性、收回可能性及潜在的风险时，可抽查大额应收账款。

④核查大额其他应收款的真实性、收回可能性及潜在的风险时，应取得公司其他应收款明细资料，了解大额其他应收款余额的形成原因并分析。

⑤核查应收账款和其他应收款账龄的合理性、账龄较长应收款项的形成原因及公司采取的措施、是否按规定提取坏账准备时，应分析、比较公司应收账款和其他应收款账龄。

⑥核查原材料、在产品、产成品比例是否合理时，应取得公司存货明细资料，结合生产循环特点进行分析。

⑦核查存货的真实性和完整性，应采取实地查看等调查方法。

⑧对存货账龄的合理性、账龄较长存货的形成原因及公司采取的措施、是否按规定提取存货跌价准备等问题，应询问会计人员，分析比较公司存货账龄。

4.1.2 损益表核查

损益表（利润表）是用来反映公司在一定期间利润实现（或发生亏损）

的财务报表。利润表分项显示企业在一定会计期间因销售商品、提供劳务、对外投资等所取得的各种收入以及与各种收入相对应的费用、损失，并将收入与费用、损失加以对比结算当期的净利润。这一将收入与相关的费用、损失进行对比，结算出净利润的过程，会计上称为配比。其目的是衡量企业在特定时期或特定业务所取得的成果，以及为取得这些成果所付出的代价，为考核经营效益和效果提供数据。比如分别列示主营业务收入和主营业务成本、主营业务税金及附加并加以对比，得出主营业务利润，从而掌握一个企业主营业务活动的成果。财务尽调人员对损益表的核查可从以下三个方面展开：

第一，销售收入及成本方面。应关注近 3～10 年的销售收入、销售量、单位售价、单位成本、毛利率的变化趋势、近 3～10 年的产品结构变化趋势，企业大客户的变化、销售收入集中度，以及关联交易与非关联交易的区别及对利润的影响。在此基础之上，分析成本结构，发现关键成本因素，并就其对成本变化的影响作出分析，最后对以上各因素的重大变化寻找合理的解释。

对收入和成本的核查，需要保证其真实性。真实的收入需具备购销合同、发票（增值税发票等）、资金回款、验收或运费单据、纳税申报表、缴纳相应的税款。对成本的核查，其中，真实的成本需具备以下几个基本要点：

①要有配比的原材料购进和消耗（含包装物）。

②购进原材料需开增值税发票。

③对重要和紧俏的原材料需预付款。

④购销业务付款周期正常。

⑤要有仓管签字的有数量金额的入库单据等。

第二，期间费用方面。应关注近 5～10 年费用总额、费用水平趋势，并分析其原因，同时充分了解企业的主要费用如人工成本、折旧等的变化。

对生产能力的核查，应关注产能真实性。核查产能真实性需包括的基本要点分别是：新建项目需按时建设完工、能正常全面生产、对生产线产能的核查、对耗能的核查（耗煤、耗水、耗电，分月）、对仓储和运输能力的核查、寻找其他与产能相配比的资料（发动机、镁）等。

第三，其他业务利润方面应充分了解近 3～5 年是否存在稳定的其他业务收入来源。

第四，投资收益方面。关注近几年对外投资情况，及各项投资的报酬率。

第五，营业外收支方面。重点关注有无异常情况。

4.1.3 现金流量表核查

现金流量表，是反映企业在一定会计期间现金和现金等价物流入和流出的报表，可用于分析一家企业或机构在短期内有没有足够现金应付开销。随着企业经营的扩展与复杂化，人们对财务数据的需求日见增长，更因许多企业经营的中断肇因于资金的周转问题，反映企业资金动向的现金流量表越来越多地得到重视。

现金流量表核查，应特别关注经营净现金流，判断经营净现金流是否能满足融资活动的利息支出净额，并结合资产负债表及利润表，寻找除销售收入以外是否还存在主要的经营资金来源，以及对经营净现金流的贡献如何等。

现金流量表按收付实现制核算，因此核查现金流量表需判断资金往来情况是否正常。正常的资金往来结算有以下特点：

①如果是收货款，客户大部分采用票据背书结算方式。

②货款收款日期无规律性，金额零散。

③资金到账后在银行账户有正常的停留。

④支付货款日期无规律性，金额零散，有付款依据。

⑤资金每一笔流转均在银行对账单上反映。

4.1.4 财务报告总体评价

财务报告总体评价主要是对财务报表主要的科目占比、关键财务指标以及在涵盖期间的变动趋势进行分析。

财务报表分析中科目占比分析主要是指，针对资产负债表，可以计算每个资产负债项占总资产的百分比，同时，计算每个资产负债项相比上一年的变动百分比；而对于利润表，可以计算每个收入成本项占总收入的百分比，同时计算每个资产负债项相比上一年的变动百分比；对于资产负债表和利润表的各科目占比及增长率，主要关注主要科目的变动情况，也就是占比较大的科目的变动情况。通常目标公司主要科目的占比基本会保持稳定，因此资产负债项相比总资产，收入成本项相比总收入都能基本稳定，如果各年占比发生较大波动或变迁，应了解占比变动大的原因，这些变动可能是由于某项重大事项（比如资产交易、资产处置等）所致，也可能是企业战略转型变迁的结果，可把从管理层访谈了解的企业战略变化、重大事项结合财务数据进行分析了解。

财务报表里的关键财务指标包括资产负债率、总资产周转率、流动资产周转率（应收账款周转率、存货周转率及应付账款周转率）、营业毛利率、净利率、研发费用占营业收入百分比、其他期间费用占营业收入百分比等。这些财务指标的分析主要看两个方面：指标水平的分析、指标水平的变动分析。

财务指标水平的分析，主要基于近期市场其他可比公司及行业平均财务指标和目标公司的财务指标进行对比，如果有偏离行业平均水平的情况则进行关注，详细分析差异；通常对差异的分析方法主要是将财务指标分解到各个科目上，找到造成财务指标差异的主要科目，然后分析科目差异的原因。通常可能由于目标公司的规模、经营范围以及不同的战略导致其财务指标与行业平均水平存在一定的差异。

财务指标的变动分析，主要基于涵盖期间财务指标的每年变动情况进行分析。财务指标的明显变动，很大原因是目标公司当年的某个重大交易或者企业的战略转型导致的，需要结合与管理层访谈中获得的信息，就其变动原因进行初步分析；对于无法理解的变动，可以借助询问财务人员辅助分析。

关键财务指标中，毛利率、净利率主要代表企业的盈利水平，如果毛利率和净利率与行业平均水平比较偏高或偏低，则需要进行详细分析。毛利率一般需要看是否由于企业的业务模式不同导致的；而净利率的不同通常需要拆解，首先看毛利是否差异较大，如果毛利差异不大，则可能由于期间费用的差异导致的，则需查看各期间费用的占比情况，分析期间费用占比不同的原因，了解企业的营销模式以及组织架构管理模式。

周转率直接代表目标公司的资产管理效率。总资产周转率主要为营业收入和总资产的比率，总资产周转率的差异可能由于营业收入水平及固定资产、流动资产的占用水平不同导致的。

流动资产周转率是对目标公司流动资产管理效率的分析，主要包括应收账款周转率、存货周转率及应付账款周转率的分析。这些周转率一定程度上代表目标公司销售收入的回收快慢、存货的销售周期库存积压情况以及对供应商的付款周期，可结合主要客商、供应商的一些销售条款进行分析。

目标公司根据所处的行业，可能会有一些其他关键的行业指标，可以将其与其他可比公司或行业参数进行对比。比如对于制药企业，研发费用占比较为关键；电商类企业的转化率等行业指标比较关键。

财务尽调人员对于财务报表各科目以及财务指标的分析只是从整体上对目标公司的业务状况进行匹配了解，如果发现有些变动异常或有些较重要的科目，还需要继续对各个科目进行分解，以进一步了解科目变动原因以及业务逻辑。

4.2　分部与子公司财务报告核查

首先，建议调查对象先从资金流向的角度，整理目标公司各分部、各层级子公司的结构，制作组织架构图和股权结构图。财务尽调人员审阅组织架构图和股权结构图后，可迅速对需要单独尽职调查的对象，如全资及控股公司作出判断，或根据业务的重要性，给予不同程度的尽职调查。

其次，在具体的文件审阅上，对于分公司以及全资、控股公司，尽职调查的细致程度不亚于本部，需要将其按照本部的审慎原则，开展相关工作，涉及历史沿革、业务经营、资产、税务、人力等方方面面。

全资、控股公司存在风险的任何问题，都应该视为调查对象的问题，不因隔着一个股权投资关系，就避而不谈。如果是参股公司，则区别于调查对象在参股企业的地位，是纯粹投资的，还是在一定程度上参与决策的。如果是第一种情况，一般而言，了解到子公司合法设立，注册资本层面不存在违约，股东之间不存在纠纷，股东协议没有特殊不利的约定，公司经营良好，基本就足够了；而对于一定程度上参与决策的参股子公司，至少应获取最近一年及一期的财务报告及审计报告。

4.3　存在重要并购事项的特殊核查

如目标公司最近收购兼并其他企业资产或股权，且被收购企业资产总额或营业收入或净利润超过收购前公司相应项目20%的，应获得被收购企业收购前一年的利润表，并核查其财务情况。

4.4　会计政策的选择及变更

财务尽调人员通过查阅目标公司财务资料，并与相关财务人员和会计师沟通，核查公司会计政策的合规性和稳健性。如公司报告期内存在会计政策变更，重点核查变更内容、理由及对公司财务状况、经营成果的影响。调查会计政策稳定性可以从以下七个方面入手：

1. 调查目标公司资产减值准备会计政策的稳健性

通过查阅目标公司经审计的财务报告、询问会计人员等方法，了解目标公司各项资产减值准备的计提方法是否符合会计制度和会计准则的相关规定，依据是否充分，比例是否合理，可以采用重新计算、分析等方法，考察目标公司资产减值准备的计提情况是否与资产质量状况相符；同时，关注目标公司资产减值准备的计提、冲销和转回等是否履行必要的审批程序，计提方法和比例是否随意变更，金额是否异常，分析是否存在利用资产减值准备调节利润的情形。

2. 调查公司投资会计政策的稳健性

与目标公司管理层及相关负责人交谈，了解公司投资的决策程序、管理层对投资风险及其控制的态度，重点关注风险较大的投资项目。

采用与目标公司管理层交谈，查阅股东大会、董事会、总经理办公会等会议记录，查阅投资合同，查阅账簿、股权或债权投资凭证等方法，调查目标公司长短期投资的计价及收益确认方法是否符合会计制度和会计准则的相关规定。

关注公司对纳入合并财务报表范围子公司的投资核算方法是否恰当，听取注册会计师的意见，关注影响子公司财务状况的重要方面，评价其财务报表信息的真实性。

3. 调查目标公司固定资产和折旧会计政策的稳健性

查阅目标公司经审计的财务报告，询问会计人员，了解目标公司固定资产的计价政策、固定资产折旧方法、固定资产使用年限和残值率的估计，评价相关会计政策和估计是否符合会计制度和会计准则的相关规定；通过查阅账簿、实地查看等方法，考察目标公司固定资产的构成及状况。

根据目标公司固定资产折旧政策，对固定资产折旧进行重新计算，分析累计折旧占固定资产原值的比重，判断固定资产是否面临淘汰、更新、大修、技术升级等情况，并评价其对目标公司财务状况和持续经营能力的影响程度；

关注公司购建、处置固定资产等是否履行必要的审批程序，手续是否齐全。

4. 调查目标公司无形资产会计政策的稳健性

查阅目标公司经审计的财务报告、询问会计人员，了解目标公司无形资产的计价政策、摊销方法、摊销年限，评价相关会计政策和估计是否符合会计制度和会计准则的相关规定，判断其合理性。

通过查阅投资合同、资产评估报告、资产权属证明、账簿等方法对无形资产进行评价。对股东投入的无形资产，评价无形资产的入账价值是否有充分的依据，关注投资方取得无形资产的方式是否合法；对目标公司购买的无形资产，关注出售方与公司是否存在关联方关系，无形资产定价是否合理；对公司自行开发的无形资产，关注其确认时间和价值是否符合会计制度和会计准则的相关规定。

关注目标公司处置无形资产是否履行必要的审批程序，手续是否齐全；当预计某项无形资产已经不能带来未来经济效益时，关注目标公司是否已将该项无形资产的账面价值予以转销。

5. 调查目标公司收入会计政策的稳健性

通过询问会计人员，查阅银行存款、应收账款、收入等相关账簿，查阅公司销售商品或提供劳务的合同、订单、发出商品或提供劳务的凭证、收款凭证、发票、增值税、关税等完税凭证、销售退回凭证等，了解目标公司的收入确认会计政策是否符合会计制度和会计准则的相关规定，核查目标公司是否虚计收入、是否存在提前或延迟确认收入的情况；了解公司收入构成，分析目标公司产品的价格、销量等影响因素的变动情况，判断收入是否存在异常变动或重大变动，并调查原因；关注目标公司销售模式对其收入确认的影响及是否存在异常。

6. 调查目标公司广告费、研发费、利息费等费用项目会计政策的稳健性

查阅重要广告合同、付款凭证等，分析广告费的确认时间和金额是否符合会计制度和会计准则的相关规定，关注目标公司是否存在提前或延迟确认广告费的情况。

查阅账簿、凭证，询问相关业务人员等，调查目标公司是否存在将研究费用资本化不合理的情况。

通过查阅资本支出凭证、利息支出凭证、开工证明等资料，现场查看固定资产购建情况，重新计算利息费用等方法，调查目标公司利息费用资本化的情况是否符合会计制度和会计准则的相关规定；对计入当期损益的利息费用，通过查阅借款合同、资金使用合同、利息支出凭证，重新计算等方法，调查目标公司利息费用是否真实、完整，关注逾期借款利息、支付给关联方的资金使用费等，评价目标公司是否存在财务费用负担较重的风险以及有关利息费用支付合同的有效性和公允性。

7. 调查目标公司合并财务报表会计政策的稳健性

查阅目标公司及其子公司经审计的财务报告，结合目标公司投资会计政策稳健性的调查情况，了解公司与其子公司的股权关系，调查公司合并范围的确定及变动是否合理、公司与其子公司会计期间和会计政策是否一致及不一致时的处理是否符合相关规定、尽职调查所涵盖期间合并范围是否发生变动，评价目标公司合并财务报表合并抵销的内容和结果是否准确。

第 **5** 章

财务指标分析

　　从财务尽职调查的最终目标来看，目标公司财务信息中值得关切的问题可以概括为三个方面：第一是目标公司盈利情况良好；第二是目标公司的经营杠杆适度；第三是目标公司的运营周转合理。这三个方面也指明了财务尽职调查中指标分析的方向。本章将讲解如何通过盈利能力、偿债能力、运营能力等财务指标，了解目标公司财务报告中的关键信息。

5.1 盈利能力分析

盈利能力是公司赚取利润的能力。一般来说，盈利能力可以反映企业的经营业绩，同时也是企业各个环节经营活动的具体体现。盈利能力不仅是股东获取资本收益的前提，同时也能够直接影响企业的偿债能力。

5.1.1 盈利能力指标

1. 主营业务净利润率

主营业务净利润率是企业净利润与主营业务收入净额的比率，是反映企业盈利能力的一项重要指标，这项指标越高，说明企业从主营业务收入中获取利润的能力越强。计算公式为：

主营业务净利润率＝净利润÷主营业务收入净额×100%

净利润＝利润总额－所得税额

影响主营业务净利润的主要因素有：商品质量、成本、价格、销售数量、期间费用及税金等。

2. 资产净利润率

资产净利润率是企业在一定时期的净利润和平均资产总额的比率，反映企业利用资产获取利润的能力，这一指标越高说明资产的使用效率越高，代表企业的盈利能力越强。资产净利润率指标与净利润率成正比，与平均资产总额成反比。计算公式为：

资产报酬率＝净利润÷平均资产总额×100%

平均资产总额＝（期初资产总额＋期末资产总额）÷2

影响资产净利率高低的主要因素有：产品的价格、单位成本高低、产量和销售的数量、资金占用量的大小等。

3. 资本收益率

资本收益率又称资本利润率，是指企业净利润（即税后利润）与实收资本（或股本）的比率，主要用来反映企业运用资本获得收益的能力。资本收益率越高，说明企业自有投资的经济效益越好，投资者的风险越小，值得投资和继续投资。因此，它是投资者和潜在投资者进行投资决策的重要依据。对企业经营者来说，如果企业资本收益率高于债务资金成本率，则适度负债经营对投资者是有利的；反之，如果资本收益率低于债务资金成本率，则过高的负债经营就将损害投资者的利益。计算公式为：

资本收益率＝净利润÷实收资本（或股本）×100%

资本收益率可分为实收资本收益率、自有资本收益率、总资本收益率、经营资本收益率、人力资本收益率。

4. 净资产收益率（权益报酬率）

净资产收益率是评价企业自有资本及其积累获取报酬水平的最具综合性与代表性的指标，反映企业资本运营的综合效益。企业设置净资产收益率的标准值通常为 0.08。计算公式为：

净资产收益率＝净利润÷平均净利润×100%

平均净利润＝（期初所有者权益合计＋期末所有者权益合计）÷2

影响净资产收益率的主要因素包括：资产周转率、销售利润率、权益乘数、应收账款、其他应收账款、待摊费用等。

5. 普通股每股收益

普通股每股收益也称普通股每股利润或每股盈余，是指股份有限公司实现的净利润总额减去优先股股利后与已发行在外的普通股股数的比率。普通股每股收益能反映普通股每股的盈利能力，便于对每股价值的计算。每股收益越多，说明每股盈利能力越强，因此该指标是衡量上市公司获利能力的重要财务指标。计算公式为：

普通股每股收益＝（净利润－优先股股利）÷发行在外的普通股股数

影响普通股每股收益的主要因素包括：企业的获利水平、企业的股利发放政策。

6. 市盈率

市盈率是普通股每股市价与每股收益的比率。市盈率越高，表明投资者对公司未来充满信心，愿意为每一元盈余多付买价。通常认为，市盈率在5～20之间是正常的。当股市受到不正常的因素干扰时，某些股票的市场被哄抬到不应有的高度，市盈率会过高，超过20的市盈率被认为不是正常的，很可能是股价下跌的前兆，风险较大。股票的市盈率比较低，表明投资者对公司的前景缺乏信心，不愿为每一元盈余多付买价。一般认为，市盈率在5以下的股票，其前景黯淡，持有这种股票的风险较大。不同行业股票市盈率也不相同的，而且常发生变化。当人们预期将发生通货膨胀或提高利率时，股票市盈率普遍下降；当人们预期公司的利润将增长时，市盈率通常上升。此外，债务比重大的公司，股票市盈率通常较低。计算公式为：

市盈率＝普通股每股市场价格÷普通股每股收益

其他相关公式为：

权益净利率＝盈余报酬率＝净利润÷企业股东权益＝每股收益×n/每股市场价格×n＝市净率÷市盈率

市净率＝股票市价÷每股净资产

7. 资本保值增值率

资本保值增值率反映企业资本的运营效益与安全状况，是评价企业经济效益状况的辅助指标，这一指标是根据资本保全原则设计的，反映企业资本的保全和增值情况。它充分体现对所有者权益的保护，能够及时、有效地发现所有者权益减少的现象。该指标越高，说明企业资本保全状况越好，所有者权益增长越快，债权人的权益越有保障，企业发展后劲越强。计算公式为：

资本保值增值率＝（年末所有者权益÷年初所有者权益）×100%

8. 销售净利率

销售净利率是指净利与销售收入的百分比，该指标反映每1元销售收入带来的净利润是多少，表示销售收入的收益水平。从销售净利率的指标关系看，净利额与销售净利率成正比关系，而销售收入额与销售净利率成反比关系。公司在增加销售收入额的同时，必须相应获得更多的净利润，才能使销售净利率保持不变或有所提高，通过分析销售净利率的升降变动，可以促使公司在扩大销售业务的同时，注意改进经营管理，提高盈利水平。计算公式为：

净利销售净利率＝（净利÷销售收入）×100%

净利，或称净利润，在我国会计制度中是指税后利润。

以 F 公司为例，F 公司 2×19 年净利润为 12 035 万元，销售收入为 256 628 万元，则该公司销售净利率为：

销售净利率＝12 035÷256 628×100%≈4.69%

9. 销售毛利率

销售毛利率是毛利占销售收入的百分比，其中毛利是销售收入与销售成本的差。销售毛利率表示每 1 元销售收入扣除销售成本后，有多少钱可以用于各项期间费用和形成盈利。销售毛利率是公司销售净利率的基础，没有足够大的毛利率便不能盈利。计算公式为：

销售毛利率＝（销售收入－销售成本）÷销售收入×100%

续前例，依上式计算 F 公司 2×19 年销售毛利率为：

销售毛利率＝（256 628－204 701）÷256 628×100%≈20.23%

10. 净资产收益率

（1）会计

净资产收益率是反映所有者对企业投资部分的盈利能力，又称所有者权益报酬率或净资产利润率。净资产收益率越高，说明企业所有者权益的盈利能力越强。对所有者来说，该比率越大，投资者投入的资本盈利能力越强。在我国，该指标既是上市公司对外必须披露的信息内容之一，也是决定上市公司能否配股进行再融资的重要依据。计算公式为：

净资产收益率＝净利润÷所有者权益平均余额×100%

所有者权益平均余额＝（期初所有者权益余额＋期末所有者权益余额）÷2

影响净资产收益率的主要因素包括：企业的盈利水平、企业所有者权益的大小。

（2）股票

净资产收益率是净利润与年末净资产的百分比，又称净值报酬率或权益报酬率。净资产收益率反映公司所有者权益的投资报酬率，具有很强的目的性。计算公式为：

净资产收益率＝净利润÷年末净资产×100%

年末净资产是指资产负债表中"股东权益合计"的期末数。

5.1.2　盈利能力变动

盈利能力能够反映企业的经营业绩，盈利能力的变动不仅影响股东获取资本，同时也改变企业的偿债能力。本章以东阿阿胶企业为例，通过分析东阿阿胶企业 2016—2020 年利润表，分析该企业的盈利能力变动情况。

盈利能力的变动主要通过分析各项指标反映。通过利润表可以计算东阿阿胶企业主营业务净利润率，2016—2020 年该企业的主营业务净利润率分别为 29.37%、27.73%、28.43%、—15.05%、1.2%，可以看到东阿阿胶企业的主营业务净利润率 2017 年就开始下降，2019 年甚至出现负增长，说明该企业近几年获利的能力下降，盈利能力变动呈下滑趋势，2020 年开始慢慢好转，利润见下表：

表 5-1　东阿阿胶企业利润表　　　　　　　单位：万元

项　　目	2016 年	2017 年	2018 年	2019 年	2020 年
一、营业收入	631 714	737 234	733 832	295 862	340 944
减：营业成本	208 752	257 696	249 575	154 880	153 419
税金及附加	6 955	9 191	12 075	3 323	3 931
减：销售费用	161 792	180 517	177 608	132 685	83 785
管理费用	39 333	29 419	36 251	57 807	49 284
财务费用	—1 355	3 755	1 566	1 179	—1 650
二、营业利润	216 305	240 970	244 056	—51 306	15 208
加：营业外收入	3 931	354	1 076	1 451	2 280
减：营业外支出	618	510	745	666	922
三、利润总额	21 968	240 814	244 387	—50 521	16 565
减：所得税费用	34 104	36 415	35 726	—5 982	12 468
四、净利润	185 514	204 399	208 661	—44 538	4 097

5.1.3　利润结构及利润来源

1. 公司利润结构分析

（1）从构成项目的贡献分析

针对某项被分析指标，假设它的构成项目在基期的结构比例是一定的情况下，因其各自结构比重不同和发展速度不同，各构成项目的增长变动对总体指标的增长贡献也就不同，其应用公式如下：

某项业务增长对总体指标的增长贡献（百分点）＝基期结构比重×某项业务增长率

（2）从构成利润总额的要素分析

利润总额由主营业务利润、其他业务利润、期间费用（营业费用、管理费用、财务费用之和）、投资收益和营业外收支净额构成，其构成公式为：

利润总额＝主营业务利润＋其他业务利润－期间费用＋投资收益＋营业外收支净额

对于企业来说，主营业务利润水平和比重代表企业的创利能力，是公司经营的核心目的。

由于期间费用都是企业为了主营业务的营销、管理、融资活动发生的，所以在具体分析时，将利润表中的主营业务利润和期间费用相抵后作为主营业务实际利润进行结构分析更具有实际意义。由此我们可以应用"比重＝构成项目÷总体指标"公式分析主营业务实际利润、其他业务利润、投资收益、营业外收支净额各构成项目分别占利润总额的比重。

（3）从创造效益的业务分部、地区分部进行结构分析

公司的利润总额是由不同业务、不同地区分别实现的，因此可以按不同专业、各分公司为分部进行结构分析，其分析方法仍适用比重分析法的公式：

比重＝构成项目÷总体指标

即：各专业利润比重＝某专业利润÷利润总额；各地区利润比重＝某地区利润÷利润总额。

财务尽调人员通过分析各专业或各地区实现利润对公司利润总额构成的

结构分析，可以比较不同专业或不同地区的重要地位；通过分析结构比例的变化，还可以观察导致结构变化的因素和影响程度。

2. 利润来源

（1）营业利润

企业的营业利润是企业主营业务收入（营业额）扣除材料或商品采购成本、人员工资、设备损耗与折旧、税金及附加、增加投资收益、公允价值变动净收益之后的余额。

（2）企业金融利润（投资利润）

企业的金融利润是企业长期投资收益和短期融资收益与有关费用的差额，反映企业长期投资、短期借贷等各项金融活动的经济效益。

（3）营业外利润

营业外利润是营业外收入与支出的差额，反映企业营业外收支的平衡情况。

（4）利润总额

利润总额是企业生产经营各方面的最终成果，是企业主营业务、其他业务、对外投资、营业外业务各环节经济效益的综合反映，也是对企业获利能力和投资效益、利润分配等进行分析的主要依据。

5.2　偿债能力分析

偿债能力是指企业偿还到期债务（包括本息）的能力。能否及时偿还到期债务，是反映企业财务状况好坏的重要标志。财务尽调人员通过对偿债能力的分析，可以考察目标企业持续经营的能力和风险，有助于对企业未来收益进行预测。企业偿债能力包括短期偿债能力和长期偿债能力两个方面。

短期偿债能力是指企业以流动资产对流动负债及时足额偿还的保证程度，即企业以流动资产偿还流动负债的能力，反映企业偿付日常到期债务的能力，是衡量企业当前财务能力，特别是流动资产变现能力的重要指标。企业短期偿债能力的衡量指标主要有流动比率、速动比率和现金流动负债。长期偿债能力是指企业是否有足够的能力偿还长期负债的本金和利息。

5.2.1 偿债能力指标

1. 短期偿债能力指标

（1）流动比率

流动比率，是流动资产与流动负债的比率。它表明企业每一元流动负债有多少流动资产作为偿还保证，反映企业用可在短期内转变为现金的流动资产偿还到期流动负债的能力。计算公式为：

　　　　流动比率公式＝流动资产÷流动负债

一般情况下，流动比率越高，说明企业短期偿债能力越强。国际上通常认为，流动比率的下限为100%，而流动比率等于200%时较为适当。流动比率过低，表明企业可能难以按期偿还债务。流动比率过高，表明企业流动资产占用较多，影响资金的使用效率和企业的筹资成本，从而影响获利能力。

（2）速动比率

速动比率，是企业速动资产与流动负债的比率。其中，速动资产，是指流动资产减去变现能力较差且不稳定的存货、预付账款、待摊费用等后的余额。计算公式为：

　　　　速动比率＝速动资产÷流动负债

一般情况下，速动比率越高，说明企业偿还流动负债的能力越强。国际上通常认为，速动比率等于100%时较为适当。速动比率小于100%，表明企业面临很大的偿债风险。速动比率大于100%，表明企业因现金及应收账款占用过多而增加企业的机会成本。

（3）现金流动负债比例

现金流动负债比率，是企业一定时期的经营现金净流量同流动负债的比率，它可以从现金流量角度反映企业当期偿付短期负债的能力。计算公式为：

　　　　现金流动负债比例＝（年经营活动现金净流量÷期末流动负债）×100%

现金流动负债比率越大，表明企业经营活动产生的现金净流量越多，越能保障企业按期偿还到期债务。但是，该指标也不是越大越好，指标过大表明企业流动资金利用不充分，获利能力不强。

2. 长期偿债能力指标

（1）资产负债率

资产负债率又称负债比率，是指企业负债总额对资产总额的比率，反映企业资产对债权人权益的保障程度。计算公式为：

资产负债率＝负债平均总额÷资产平均总额

一般情况下，资产负债率越小，说明企业长期偿债能力越强。保守的观点认为资产负债率不应高于50%，而国际上通常认为资产负债率等于60%时较为适当。从债权人来说，该指标越小越好，这样企业偿债越有保证。从企业所有者来说，该指标过小表明企业对财务杠杆利用不够。企业的经营决策者应当将偿债能力指标与获利能力指标结合起来分析。

（2）产权比率

产权比率也称资本负债率，是指企业负债总额与所有者权益总额的比率，反映企业所有者权益对债权人权益的保障程度。计算公式为：

产权比率＝（负债总额÷所有者权益总额）×100%

一般情况下，产权比率越低，说明企业长期偿债能力越强。产权比率与资产负债率对评价偿债能力的作用基本相同。两者的主要区别是：资产负债率侧重于分析债务偿付安全性的物质保障程度；产权比率则侧重于揭示财务结构的稳健程度以及自有资金对偿债风险的承受能力。

（3）或有负债比率

或有负债比率，是指企业或有负债总额对所有者权益总额的比率，反映企业所有者权益应对可能发生的或有负债的保障程度，其计算公式为：

或有负债总额＝已贴现商业承兑汇票金额＋对外担保金额＋未决诉讼、未决仲裁金额（除贴现与担保引起的诉讼或仲裁）＋其他或有负债金额

（4）已获利息倍数

已获利息倍数，是指企业一定时期息税前利润与利息支出的比率，反映获利能力对债务偿付的保障程度。其中，息税前利润总额指利润总额与利息支出的合计数，利息支出指实际支出的借款利息、债券利息等。计算公式为：

已获利息倍数＝税息前利润÷利息费用＝（利润总额＋利息费用）÷利息费用

其中：

息税前利润总额＝利润总额＋利息支出

利息费用包括支付给债权人的全部利息，包括财务费用中的利息，也包括计入固定资产成本的资本化利息。

一般情况下，已获利息倍数越高，说明企业长期偿债能力越强。国际上通常认为，该指标为3时较为适当，从长期来看至少应大于1。

（5）带息负债比率

带息负债比率，是指企业某一时点的带息负债总额与负债总额的比率，反映企业负债中带息负债的比重，在一定程度上体现企业未来的偿债（尤其是偿还利息）压力。计算公式为：

带息负债比率＝带息负债总额÷负债总额×100%

带息负债总额＝短期借款＋一年内到期的长期负债＋长期借款＋应付债券＋应付利息

5.2.2 偿债能力变动

偿债能力是指企业偿还到期债务（包括本息）的能力。能否及时偿还到期债务，是反映企业财务状况好坏的重要标志。下面通过分析万科集团偿债能力指标，考察万科集团持续经营的能力和风险，分析万科集团的偿债能力变动情况。

流动比率主要是反映企业用可在短期内转变为现金的流动资产偿还到期流动负债的能力。万科集团 2016—2020 年的流动比率分别是 1.24、1.20、1.15、1.13、1.17。国际上通常认为，流动比率的下限为 100%，而流动比率等于 200% 时较为适当，而万科集团近五年来流动比率逐年下降，说明万科集团的流动资产占用过多，影响了万科集团资金的使用效率以及筹资能力。流动资产与流动负债见下表：

表 5-2 万科集团流动资产与流动负债情况

单位：亿元

项　　目	2016 年	2017 年	2018 年	2019 年	2020 年
流动资产	7 212.95	10 175.53	12 950.72	14 389.89	15 473.87
流动负债	5 799.98	8 473.55	11 219.14	12 726.10	13 174.93
资产总额	8 306.74	11 653.47	15 285.79	17 299.29	18 691.77
负债总额	6 689.98	9 786.73	12 929.58	14 593.50	15 193.33

一般情况下，资产负债率主要反映企业长期偿债能力，资产负债率越小，说明企业长期偿债能力越强。通常认为一个企业的资产负债率维持在50%～60%属于适当范围，资产负债率越小，说明企业越有能力偿还债务。万科集团2016—2020年资产负债率分别是80.54%、83.98%、84.59%、84.36%、81.29%，可以看到万科集团资产负债率维持在一个相对较高的水平，并且在不断地变动，但是近两年总体呈现下降的趋势，说明万科在加快调整负债步伐。

5.2.3　偿债风险评估

企业的偿债风险可以用阿曼特 Z-score 模型进行分析，该模型最初的应用对象是制造型企业，后来经过调整与验证，也适用于服务业。该模型主要是通过大量的实证分析考察，从企业的财务报表中收集数据，得到大量的财务比率，再给予这些比率不同的权重，最后综合计算一个加权得分，从而判断该公司的财务健康状况和是否存在财务危机等，对公司在两年内破产的可能性进行诊断和预测。经过大量的研究表明，阿曼特 Z-score 模型对公司预测的准确率在 72%～80% 这个区间。

阿曼特 Z-score 模型分为上市企业以及非上市企业两个模型：

（1）公开上市交易的制造业公司

$$Z = 1.2X_1 + 1.4X_2 + 3.3X_3 + 0.6X_4 + 0.99X_5$$

X_1＝净营运资本÷总资产＝（流动资产－流动负债）÷总资产，这一指标反映流动性和规模的特点。流动资本＝流动资产－流动负债，流动资本越多，说明不能偿债的风险越小，并可反映短期偿债能力。

X_2＝留存收益÷总资产，这一指标衡量企业积累的利润，反映企业的经营年限。

X_3＝息税前收益÷总资产＝（利润总额＋财务费用）÷总资产，这一指标衡量企业在不考虑税收和融资影响下，其资产的生产能力情况，是衡量企业利用债权人和所有者权益总额取得盈利的指标，该比率越高，表明企业的资产利用效果越好，经营管理水平越高。

X_4＝优先股和普通股市值÷总负债＝（股票市值×股票总数）÷总负

债，这一指标衡量企业的价值在资不抵债前可下降的程度，反映股东所提供的资本与债权人提供的资本的相对关系，反映企业基本财务结构是否稳定。

该比率数值的高低，可以反映出企业财务结构的风险状况以及报酬获利情况，同时也能反映出债权人投入的资本受股东资本的保障程度。一般来说，产权比率高是高风险、高报酬的财务结构，产权比率低，是低风险、低报酬的财务结构。

X_5＝销售额÷总资产，这一指标衡量企业产生销售额的能力，表明企业资产利用的效果，指标越高，表明资产的利用率越高，说明企业在增加收入方面有良好的效果。

通过这 5 个指标计算出一个得分 Z，如果 Z 小于 1.8，则说明该企业非常危险，很有可能破产；如果 Z 得分在 1.8～2.99，则说明该企业处于灰色地带，两年内破产的可能性为 70%；Z 大于 3，则说明该企业非常安全。

(2) 非上市公司

$$Z＝6.56X_1＋3.26X_2＋6.72X_3＋1.05X_4$$

模型不同，判断标准也不同。通过这 4 个指标计算出一个得分 Z，如果 Z 小于 1.23，则说明该企业非常危险，处于破产区；如果 Z 得分在 1.23～2.9，则说明该企业处于灰色地带，两年内破产的可能性为 70%；Z 大于 2.9，则说明该企业非常安全。

5.3 运营能力分析

运营能力，是指企业基于外部市场环境的约束，通过内部人力资源和生产资料的配置组合而对财务目标实现所产生作用的大小。

5.3.1 运营能力指标

1. 人力资源运营能力指标

人力资源运营能力通常采用劳动效率指标分析。劳动效率，是指企业营业收入或净产值与平均职工人数（可以视不同情况具体确定）的比率。计算公式为：

劳动效率＝营业收入或净产值÷平均职工人数

对企业劳动效率进行考核评价主要是采用比较的方法。例如，将实际劳动效率与本企业计划水平、历史先进水平等指标进行对比。

2. 生产资料运营能力指标

生产资料的运营能力实际上是企业的总资产及其各个组成要素的运营能力。资产运营能力的强弱取决于资产的周转速度、资产运行状况、资产管理水平等多种因素。

资产的周转速度，通常用周转率和周转期表示。周转率，是企业在一定时期内资产的周转额与平均余额的比率，反映企业资产在一定时期的周转次数。周转次数越多，表明周转速度越快，资产运营能力越强。周转期，是周转次数的倒数与计算期天数的乘积，反映资产周转一次所需要的天数。周转期越短，表明周转速度越快，资产运营能力越强。计算公式为：

周转数（周转天数）＝计算期天数÷周转次数＝资产平均余额×计算期天数÷周转额

生产资料运营能力可以从流动资产周转情况、固定资产周转情况、总资产周转情况等方面进行分析。

（1）流动资产周转情况

反映流动资产周转情况的指标主要有应收账款周转率、存货周转率和流动资产周转率。

①应收账款周转率是企业一定时期营业收入（或销售收入，本章下同）与平均应收账款余额的比率，反映企业应收账款变现速度的快慢和管理效率的高低。计算公式为：

应收账款周转率＝营业收入÷平均应收账款余额

平均应收账款余额＝（应收账款余额年初数＋应收账款余额年末数）÷2

一般情况下，应收账款周转率越高越好，应收账款周转率高，表明收账迅速，账龄较短，资产流动性强，短期偿债能力强，可以减少坏账损失等。

②存货周转率是企业一定时期营业成本与平均存货余额的比率，反映企业生产经营各环节的管理状况以及企业的偿债能力和获利能力。计算公式为：

存货周转率＝营业成本÷平均存货余额

平均存货余额＝（存货余额年初数＋存货余额年末数）÷2

一般情况下，存货周转率越高越好。存货周转率高，表明存货变现的速度快；周转额较大，表明资金占用水平较低。

③流动资产周转率。流动资产周转率，是企业一定时期营业收入与平均流动资产总额的比率。计算公式为：

流动资产周转率＝营业收入÷平均流动资产总额

平均流动资产总额＝（流动资产总额年初数＋流动资产总额年末数）÷2

一般情况下，流动资产周转率越高越好。流动资产周转率高，表明以相同的流动资产完成的周转额较多，流动资产利用效果较好。

（2）固定资产周转情况

反映固定资产周转情况的主要指标是固定资产周转率，它是企业一定时期营业收入与平均固定资产净值的比值。计算公式为：

固定资产周转率＝营业收入÷平均固定资产净值

平均固定资产净值＝（固定资产净值年初数＋固定资产净值年末数）÷2

一般情况下，固定资产周转率越高越好。固定资产周转率高，表明企业固定资产的使用效率较高。

（3）总资产周转情况

反映总资产周转情况的主要指标是总资产周转率，它是企业一定时期营业收入与平均资产总额的比值。计算公式为：

总资产周转率＝营业收入÷平均资产总额

平均资产总额＝（资产总额年初数＋资产总额年末数）÷2

一般情况下，总资产周转率越高越好。总资产周转率高，表明企业全部资产的使用效率较高。

（4）其他资产质量指标

不良资产比率和资产现金回收率等指标也能够反映资产的质量状况和资产的利用效率，能够在一定程度上体现生产资料的运营能力。

5.3.2 运营能力变动

运营能力主要是指企业在运营资产过程中的效益与效率水平。财务人员通过分析企业的资产周转率、存货周转率等，判断企业运营能力的变动情况，以此分析企业的运营效率。本节以碧桂园集团为例，通过分析碧桂园集团运营能力指标，了解碧桂园运营能力的变动情况。

由于房地产政策逐步实施，同时居民住宅数量日益增多，导致房地产企业形势较为严重。而 2020 年初受新冠肺炎疫情的影响，碧桂园集团的企业营业成本较往年减少，存货周转率与 2019 年对比，下降 0.004 8，说明 2020 年碧桂园的存货变现能力下降，资金周转速度变慢。存货变化情况见下表：

表 5-3　碧桂园存货变化情况

单位：亿元

企业名称	2019 年存货	2020 年存货	差值	增速
碧桂园	9 902.3	10 881.6	979.3	9.89%

碧桂园的流动资产周转率由 2019 年 26.57% 上升到 2020 年 29.78%，上升了 3.21%。说明碧桂园集团 2020 年的流动资产利用率较 2019 年有所提高，企业整体的流动资产周转速度加快，盈利能力较 2019 年有所提升。流动资产变化情况见下表：

表 5-4　碧桂园流动资产变化情况

单位：亿元

项目	2019 年	2020 年
营业收入	4 628.56	4 859.08
流动资产总额	17 421.56	16 315.17

5.3.3　运营风险及持续经营能力

1. 运营风险

（1）政策风险

政策风险主要包括反向性政策风险和突变性政策风险。

①反向性政策风险是指市场在一定时期内，由于政策的导向与资产重组内在发展方向不一致而产生的风险。如果资产重组运行状况与国家调整政策不相容，就会加大这种风险，各级政府之间出现的政策差异也会导致政策风险。

②突变性政策风险是指由于管理层政策口径发生突然变化而给资产重组造成的风险。国内外政治经济形势的突变会加大企业资产重组的政策风险。

（2）技术开发风险

技术开发风险是指在研究开发过程中，研究开发方虽做出最大努力限度，但由于现有的认识水平、技术水平、科学知识及其他现有条件的限制，仍然发生了无法预见、无法克服的技术困难，导致研究开发全部或部分失败，因而引起的财产上的风险。技术开发风险仅指因技术上的随机性因素导致技术开发工作失败的可能性，它不包括因不可抗力和当事人违约而造成技术开发工作失败的可能性。

在技术开发合同中，常见的技术开发风险通常表现为以下三方面：

①技术方面的风险。开发的技术虽然符合科学原理，但由于技术难度大，现阶段还难以完成；或者遇到技术困难，如仪器设备、情报资料、协作等条件不足，因而导致研究工作失败；还有可能当事人事先的设想最后被证明是错误的、不可行的，导致开发失败。

②竞争的风险。技术开发尚处在研究过程中，其他人已经成功研究出同样的技术。

③客观环境的风险。由于客观的社会、经济和技术环境发生变化，原有的技术开发不合时宜，或者已经没有必要了。

（3）经营管理风险

经营管理风险是指在经营管理运作中因信息不对称、管理不善、判断失误等影响管理的水平。管理风险因素的具体构成可分为三部分。

①企业管理者的素质水平。管理者个人素质因素包括品德、知识水平和能力三方面。品德是推动管理者行为的主导力量，决定其工作愿望和努力程度及外界对他的价值评价，影响人际关系，对管理效果和效率有直接影响。知识水平体现在管理者对创新过程的理解和进行组织管理上，影响管理者和创新人员的交流和沟通。能力反映管理者做好本职工作的本领，包括应具备的心理特征和适当的工作方式。

②组织结构因素。组织结构是指组织内部各级职务职位的权责范围、联系方式和分工协作关系的整体框架，是组织得以持续运转、完成经营管理任务的体制基础。组织结构制度制约组织内部人员、资金、物资、信息的流通，影响组织目标的实现。因此，组织结构决定技术创新的各个环节，对技术创

新成败有决定意义。

③企业文化因素。企业文化是企业员工较长时间形成的共同价值观、信念、态度和行为准则，是一个组织持有的传统和风尚，制约全部管理的政策和措施。如果企业文化没有塑造好，很容易使组织没有向心力和凝聚力。同时，企业如果没有发展与其相适应的朝气蓬勃的企业文化，因循守旧，则容易造成经营管理风险。

（4）市场开拓风险

并不是任何企业制定的开拓战略都是正确的、都是能够达到预期目的的。企业为了发展，通常需要创新，但是创新是有风险的。每一次创新的失败就意味着企业的巨大损失甚至破产。如市场预测失准而带来的损失、企业发展机遇没有把握住等，这些创新往往在做决策的时候就存在大量风险。

（5）财务风险

财务风险是指在企业财务管理工作的各个环节，如资金筹集、资金运用、资金积累、分配等财务活动中，由于各种难以预料或控制的因素影响，财务状况具有不确定性，从而使企业有蒙受损失的可能性；除此之外，可能还存在盈利的不确定性。

2. 持续经营能力

持续经营，是指一个会计主体的经营活动将会无限期地延续下去，在可以预见的未来，会计主体不会遭遇清算、解散等变故而不复存在。企业持续经营能力应该具备以下要素：

①经营所需要的资源要素。

②优秀的管理团队和核心员工。

③在一定时期内，具有稳定增长性。

④是符合国家产业政策和人类可持续发展的朝阳企业。

一般我们可以通过以下方面分析企业的持续经营能力：

（1）行业

首先需要分析企业所处行业是否属于国家政策允许、扶持、鼓励的行业，只有符合国家政策的企业才能长久发展；除此之外，还要分析该企业是否存在行业周期性风险，如有些行业有明显的大小年现象，比如农产品种植、养猪、房地产等行业，因此需要考虑周期性行业的风险，也就是产能释放的滞后性。

（2）股东、管理层

股东或者管理层的管理能力及稳定性决定企业的经营管理风险，倘若存在企业管理者利用私人职权优势损害公司利益的动机和风险，必定影响企业的持续经营能力。除此之外，管理层的管理理念、管理模式也影响企业的持续经营能力。

（3）资源要素

资源要素是企业持续经营的必要资质。首先判断该企业是否掌握了必要的生产技术、且该技术尚在保护期内，只有掌握核心技术，才能应对竞争风险；其次，企业还需要具有必要的土地、厂房、设备、权属，确保产品生产的必要条件；而核心团队以及固定的上下游客户也是必不可少的资源要素，拥有固定的客户，才能使企业拥有持续经营的条件。

（4）财务状况

评估一个企业的持续经营能力，最直观的方法就是分析该企业的财务状况。首先需要判断该企业是否具有充足的现金流，现金流越充足，则说明该企业持续经营能力越强；其次，还需要分析企业的内部控制与风险管理制度是否健全，健全的内控制度意味着财务报告的可靠性、经营的有效性；最后还需要分析该企业对于研发成本的投入是否合理，与企业的收入规模是否相匹配。

5.4　综合分析与评价

财务综合分析与评价主要是将企业的盈利能力、偿债能力、营运能力等各方面的财务指标分类汇总到一个综合性、系统性的分析体系之中，对企业的财务状况和经营业绩进行综合的分析与评价。常见的财务综合分析与评价有杜邦分析法和沃尔评分法。

1. 杜邦分析法

杜邦分析法主要是将评价企业经营效率和财务状况的比率结合起来，根据这些比率的内在联系形成综合的体系，反映企业的盈利能力以及股东权益回报水平。首先从权益报酬率开始，根据企业的资产负债表、利润表等计算各个指标，然后逐一填入杜邦分析图，进行对比分析即可。杜邦分析法，如下图所示。

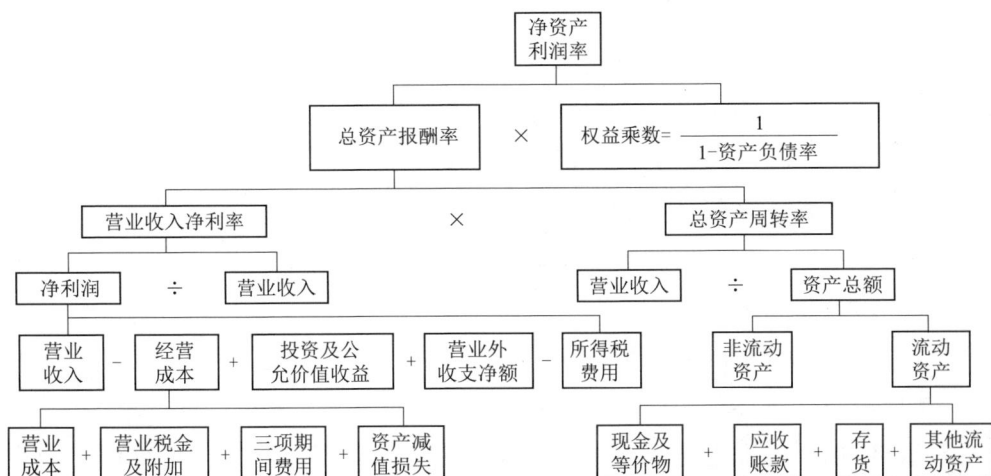

图 5-1　杜邦分析图

2. 沃尔评分法

沃尔评分法是指将选定的财务比率用线性关系结合起来，并分别给定各自的分数比重，然后通过与标准比率进行比较，确定各项指标的得分及总体指标的累计分数，从而对企业的信用水平作出评价的方法。

沃尔比重评分法的基本步骤包括以下四步：

①选择评价指标并分配指标权重。

盈利能力的指标：资产净利率、销售净利率、净值报酬率；

偿债能力的指标：自有资本比率、流动比率、应收账款周转率、存货周转率；

发展能力的指标：销售增长率、净利增长率、资产增长率。

按重要程度确定各项比率指标的评分值，评分值之和为 100。

三类指标的评分值约为 5∶3∶2。盈利能力指标三者的比例约为 2∶2∶1，偿债能力指标和发展能力指标中各项具体指标的重要性大体相当。

②确定各项比率指标的标准值，即各该指标在企业现时条件下的最优值。

③计算企业在一定时期各项比率指标的实际值。

资产净利率＝净利润÷资产总额×100%

销售净利率＝净利润÷销售收入×100%

净值报酬率＝净利润÷净资产×100%

自有资本比率＝净资产÷资产总额×100%

流动比率＝流动资产÷流动负债

应收账款周转率＝赊销净额÷平均应收账款余额

存货周转率＝产品销售成本÷平均存货成本

销售增长率＝销售增长额÷基期销售额×100%

净利增长率＝净利增加额÷基期净利×100%

资产增长率＝资产增加额÷基期资产总额×100%

④形成评价结果。

沃尔比重评分法的公式为：

实际分数＝实际值÷标准值×权重

当实际值＞标准值为理想时，此公式正确；但当实际值＜标准值为理想时，实际值越小得分应越高，用此公式计算的结果却恰恰相反；另外，当某一单项指标的实际值畸高时，会导致最后总分大幅度增加，掩盖情况不良的指标，从而给管理者造成一种假象。

第 *6* 章

财务报表内项目分析

　　经过财务指标分析以及横纵向比较之后，财务尽职调查小组已经能够对目标公司财务报告整体情况及变化趋势有了大概的认识，但是财务尽职调查的工作远不止于此。为了形成对目标公司数据更为准确的认识，从而为投资决策提供更可靠的支持，财务尽职调查小组还需要对财务报表内的项目进行详细的分析，重点关注损益类项目中的销售收入、销售成本、期间费用及非经常性损益项目；资产类项目中的货币资金、应收账款、存货、对外投资等项目。本章将对以上关键科目及重要风险点进行讲解。

6.1 与损益有关的项目

收购尽调报告关注部分，应当考虑与损益有关的项目。与损益有关的项目则主要包括以下五项内容：销售收入、销售成本与毛利、期间费用、非经常性损益项目等。

- -

6.1.1 销售收入

- -

销售收入是企业通过产品销售或提供劳务所获得的货币收入，以及形成的应收销货款。销售收入是企业实现财务成果的基础，也是反映企业生产经营活动状况的重要财务指标。财务尽调人员在尽调过程中应努力做好以下方面工作：

①了解该行业在会计实务中确认收入的基本准则以及该公司在确认收入方面的详细规定，并分析其收入确认的详细规定是否与会计准则相一致，判断其是否存在已发生但未确认收入或还未发生但已确认收入以及收入造假的情况。

②查阅公司账簿，检查其在期末是否存在大量确认销售收入的情况，并进一步查看公司期末突击确认的销售款项后期是否有异常流出。

③分析公司的销售收入增减变化情况，并判断其是否与公司经营现金净流量的变动情况相一致，关注交易是否真实发生，相关经济利益有无实际流入企业。

④分析公司的收入变动以及其产品构成、地域构成的详细情况，与行业内其他公司进行横向比较，判断其是否符合市场的同期变化情况。

⑤对于收入存在季节性波动的公司，应当分析其各季度经营成果受季节性因素影响的大小，并将公司的收入变化情况与同行业其他公司进行横向比较，判断公司的收入变动与成本、费用等财务数据之间是否匹配。

⑥获取并了解报告期内公司主要产品价格变动的数据资料，分析导致公司主要产品价格变动的因素，并判断其对公司收入变动的影响。

⑦获取产品主要经销商的资料，了解其资金状况、分销渠道、经销产品的销售和回款情况，并核查各经销商的产品销售核算是否与公司的核算情况一致，分析公司的销售模式对其收入核算的影响，并判断其销售收入是否存在异常情况。

1. 销售收入总额分析

销售收入总额分析是对商品销售额计划完成情况的分析。零售企业主要分析商品销售总额计划完成情况以及一般消费者和社会集团之间的销售额比例构成情况。批发企业主要按销售对象进行分析，如向生产企业供应的生产资料，向商业系统外的商业企业（如集体所有制商业，个体商业）供应的商品，向本系统供应的商品等。

批零兼营的企业则着重分析批零销售任务完成情况，以及批零销售的结构比重变化。上述分析，均可以采用比较法，以本期实际销售额与计划指标对比，检查分析计划的完成程度，以初步评价企业的销售业绩——以本期实际销售额与不同时期销售额对比，分析商品销售变化情况及市场变化规律。

2. 销售收入质量分析

销售收入质量分析侧重于观察企业收入的成长性和波动性。成长性越高，收入质量越好，说明企业通过主营业务创造现金流量的能力越强；波动性越大，收入质量越差，说明企业现金流量创造能力和核心竞争力越不稳定。

分析收入成长性和波动性的最有效办法是编制趋势报表——以某年的销售收入为基数，分别将以后几个年度的销售收入除以基期的销售收入，观察其变化趋势。如果是不断增长的趋势，其收入的质量为佳；如果其收入的趋势起伏不定，则表明其创造现金流量和市场竞争力的稳定性明显较差。

3. 销售收入动态分析

所谓销售收入动态分析就是在时间发展延伸中做出的前后对比分析，以更好地了解、评价企业财务状况的发展变化情况，便于总结经验和发现问题，使企业的财务管理能够做到扬长避短，挖掘潜力。销售收入动态分析侧重于不同时期销售收入的变化对比。

6.1.2 销售成本与毛利

销售成本是指已销售产品的生产成本或已提供劳务的劳务成本以及其他销售的业务成本，包括主营业务成本和其他业务成本两部分。其中，主营业务成本是企业销售商品产品、半成品以及提供工业性劳务等业务所形成的成本；其他业务成本是企业销售材料、出租包装物、出租固定资产等业务所形成的成本。就销售产品而言，产品销售数量可直接在"库存商品明细账"上取得；产品单位生产成本可采用多种方法进行计算确定，如先进先出法、后进先出法、加权平均法等，但企业一经选定某一种方法，就不得随意变动，这是会计核算一贯性原则的要求。

销售毛利是指产品销售收入与销售成本的差额，因为还没有扣除产品流通费用和税金，故称为毛利。财务尽调人员针对销售成本和销售毛利的核查分析，应做好以下几方面工作：

①了解公司产品的总体生产流程，获取各流程相关的业务管理文件，确认公司在每一道生产经营程序上的成本核算方法是否符合规范，并检查公司在报告期内是否存在变更成本核算方法的现象。

②通过查阅公司在报告期内主要产品的成本明细表，熟悉公司产品的单位成本及其详细的构成情况，分析其在报告期内的变化情况，对于报告期内大额的异常成本变动情况，需要对照同期内市场和同行业公司的成本变动进行分析评估其变动的合理性。

③了解公司主要产品的生产流程，获取其生产周期资料以及在产品的历史数据，查看公司期末存货中在产品的余额情况。若期末出现大额的在产品，应当分析其合理性，并判断公司是否未按照规定结转成本。

④计算公司在报告期内的各利润率指标并分析其变动情况，预测各指标在未来一段时间内将如何变化，并将其与行业内的其他公司进行比较，判断公司是否存在产品毛利率、营业利润率等指标过高或过低的情况，对于存在异常的指标应当重点核查并进行深层次分析。

6.1.3 期间费用

期间费用是指企业日常活动发生的不能计入特定核算对象的成本,而应计入发生当期损益的费用。期间费用是企业日常活动所发生的经济利益的流出。期间费用包含两种情况:一是企业发生的支出不产生经济利益,或者即使产生经济利益但不符合或者不再符合资产确认条件的,应当在发生时确认为费用,计入当期损益。二是企业发生的交易或者事项导致其承担一项负债,而又不确认为一项资产的,应当在发生时确认为费用计入当期损益。期间费用包括管理费用、销售费用和财务费用。

管理费用是指企业因组织和管理生产经营发生的各种费用,包括企业在筹建期间发生的开办费、董事会和行政管理部门在企业的经营管理中发生的以及应由企业统一负担的公司经费(包括行政管理部门职工薪酬、物料消耗、低值易耗品摊销、办公费和差旅费等)、行政管理部门负担的工会经费、董事会费(包括董事会成员津贴、会议费和差旅费等)、聘请中介机构费、咨询费(含顾问费)、诉讼费、业务招待费、技术转让费、研究费用等。企业生产车间(部门)和行政管理部门发生的固定资产修理费用等后续支出,也作为管理费用核算。

销售费用是指企业在销售商品和材料、提供劳务的过程中发生的各种费用,包括企业在销售商品过程中发生的保险费、包装费、展览费和广告费、商品维修费、预计产品质量保证损失、运输费、装卸费等以及为销售本企业商品而专设的销售机构(含销售网点、售后服务网点等)的职工薪酬、业务费、折旧费等经营费用。企业发生的与专设销售机构相关的固定资产修理费用等后续支出也属于销售费用。

财务费用是指企业为筹集生产经营所需资金等而发生的筹资费用,包括利息支出(减利息收入)、汇兑损益以及相关的手续费、企业发生的现金折扣等。

财务尽调人员对期间费用的核查分析主要包括以下四个方面:

①了解行业销售特点、公司销售模式、整体销售程序、销售渠道、销售款项的收回以及售后服务等内容,查阅公司营业费用明细表,判断公司的营业费用内容是否完整、记录是否准确。

②查阅近年来营业收入的变化情况，对比营业费用与营业收入直接相关部分的变化趋势，对于两者出现的明显异常变动，应当做进一步的调查。

③查看公司资金是否存在被控股股东、实际控制人或关联方占用的情况。若存在，应当核对相关的费用处理是否正确。

④获取公司的管理费用和财务费用明细表，对比以前年度数据，分析当期管理费用和财务费用的变动是否合理，若存在异常应当进一步审核相关凭证；对于大额的利息支出情况，应当结合公司的银行借款或付息债务进行详细地测算；对于资本化的利息费用，应当对相关资产做进一步调查。

6.1.4 非经常性损益项目

非经常性损益是指公司发生的与生产经营无直接关系，以及虽与生产经营相关，但由于其性质、金额或发生频率，影响了真实、公允地评价公司当期经营成果和获利能力的各项收入、支出。

非经常性损益应包括以下项目：处置长期股权投资、固定资产、在建工程、无形资产、其他长期资产产生的损益；越权审批或无正式批准文件的税收返还、减免；各种形式的政府补贴；计入当期损益的对非金融企业收取的资金占用费；短期投资损益，但经国家有关部门批准设立的有经营资格的金融机构获得的短期投资损益除外；委托投资损益；扣除公司日常根据企业会计制度规定计提的资产减值准备后的其他各项营业外收入、支出；因不可抗力因素，如遭受自然灾害而计提的各项资产减值准备；以前年度已经计提各项减值准备的转回；债务重组损益；资产置换损益；交易价格显失公允的交易产生的超过公允价值部分的损益。财务尽调小组针对非经常性损益项目的分析核查，主要包括以下三方面：

①比较财务报表中会计政策变更对以前期间净利润的追溯调整数；确认中国证监会认定的符合定义规定的其他非经常性损益项目。

②对于非经常性损益和加权平均净资产收益率，应当查阅其在公司报告期内的明细表，并确认明细表已经过注册会计师验证；检查各个项目的规范性，应当明确非正常性损益从何而来以及取得途径，调查与其相关的凭证。

③对于发生的重大非经常性损益项目，应当结合公司背景及其业务关系，

判断非经常性损益项目是否确实发生、款项是否真实收到、计价是否公允；其次要计算非经常性损益占报告期利润的比重，评估其对公司财务状况和经营业绩的影响，并判断可能由此产生的风险。

6.2 与资产状况有关的项目

与资产状况有关的项目主要包括：货币资金、应收款项、存货、对外投资、固定资产、无形资产、投资性房地产、银行借款、应付款项等。本节主要讲解这些项目。

6.2.1 货币资金

货币资金是指企业拥有的，以货币形式存在的资产，具有流动性强、收支频繁、营利性较低等特点。货币资金由库存现金、银行存款和其他货币资金三部分构成。其他货币资金主要由外埠存款、银行汇票存款、银行本票存款、信用证保证金存款、信用卡存款和存出投资款等构成。该项目应根据库存现金、银行存款、其他货币资金科目的期末余额合计填列。财务尽调人员针对货币资金的核查与分析应做好以下工作：

①获取公司的货币资金明细表，关注货币资金项目的期初、期末余额和本期发生额，并查看报告期内货币资金的流动情况，对于其中大额的流入和流出，应当调查与之相关的业务是否真实可靠，是否存在风险。

②获取公司的开户行信息，通过向银行函证的方式确认各个非日常结算账户的形成原因以及目前状况，对于大额的银行存款账户要查明其是否真实存在。若公司存在大额未达账项，应当及时查明其形成原因，分析其可能产生的影响。对于开立证券投资账户的公司，除了向证券营业部函证以外，还应当核查其证券投资业务的核算方式是否符合规范。

（一）货币资金存量的合理性分析

分析货币资金的存量强调的是货币资金规模的恰当性。企业保有一定的资金规模是为了维持正常的运转，这些资金是不会产生任何收益的，如果保留过高的资金则会造成大量资金呆滞，过低又制约企业的正常发展。财务尽调人员想了解企业的规模是否恰当，需要从以下两方面考虑：

1. 行业特点

企业的行业特点制约货币资金规模。如在相同的资产规模下，银行、保险公司的货币资金规模与工业企业有明显的不同。银行、保险这些企业对现金流的要求很高，没有足够的资金随时会面临经营困境、影响信誉甚至破产的风险；而工业企业能够通过经营活动不断产生现金流，留存的资金能够维持企业正常运营的需要即可，抗风险的能力较强。

2. 企业特征

资产规模和业务收支规模——一般而言，企业的规模越大资产总额越大，相应的货币资金的规模也就应该越大；业务规模大、交易频繁的企业，相应的货币资金规模也越大。

企业对货币资金的运用能力——货币资金不是越多越好，货币形态的资金留存在企业中是不会直接带来经济效益的，不会给企业的资产带来增值，只能用于支付。如果企业的管理人员善于运用货币资金进行投资或者用于扩大生产经营，则会带来额外收益。所以货币资金也不是越多越好，通过货币资金可以映射企业管理人员的生产能力。

外部筹资能力——如果一个企业的信誉良好，有融洽的外部筹资关系，能够保证在需要资金时有渠道筹集资金，这种企业一般不会留存大量的货币资金，以降低资金成本。企业的资金并不都是自身经营活动获得或自有的，还有通过筹资活动获得的资金。例如向银行借款、发行债券等，这些是需要付息的，都会造成企业的资金成本增加。

除了上面列举的企业内部因素外，还有一些比如企业近期的偿债需求、企业的盈利状况和自身创造现金的能力等，财务尽调人员在分析企业特征因素时需要结合企业实际情况进行分析。

（二）货币资金质量分析

1. 货币资金的构成质量

在会计上，企业资产负债表的货币金额价值永远等于各时点的货币一般购买力。实际上，由于物价变动、技术发展等其他原因，相同数量的金额在不同时点的购买力并不是必然相同。以下是货币资金构成质量的两个维度分析：

①汇率——企业在经济业务活动中涉及多种货币的条件下，不同货币未来不同的走向决定相应货币的质量。对这种类型的企业进行不同货币的未来趋势分析，就可以确定企业货币资金的未来质量。

②货币资金自由度——有些资金被用于某种特殊用途，不能随意支用因而不能充当真正的支付手段。实际中，财务人员可通过计算这些货币资金占该项目总额的比例考察货币资金的自由度，这样有助于揭示企业实际的支付能力。

2. 货币资金的生成质量

货币资金常被喻为企业的"血液"，因而需要关注它的持续性。企业的货币资金发生变化，主要有以下两个原因：

①企业自身造血能力变化——企业靠自身经营活动获得的现金流，这种资金生成质量是最好的。一个造血功能正常的企业，货币资金的规模通常呈不断上升的趋势，比如茅台、格力。

②企业战略调整导致的变化——企业走扩张型战略时会进行各种投资活动，不管是向外扩大投资还是向内扩大生产，都需要动用大量的资金，引起企业资金规模下降；企业调整自身生产规模时，又会处置一些固定资产或者回收投资，引起大规模资金回流。这种调整通常是年度战略调整，引起的变化也是一次性的。

（三）最佳货币资金持有量的确定

最佳货币持有量又称为最佳现金余额，是指现金能够满足生产经营的需要，同时又能使现金使用的效率和效益达到最高时的现金最低持有量，即能够使现金管理的机会成本与转换成本之和保持最低的现金持有量。

企业的最佳持有量意味着现金余额为零，但是，基于交易、预防、投机动机的要求，企业又必须保持一定数量的现金。企业能否保持足够的现金余额，对于降低或避免经营风险与财务风险具有重要意义。

1. 现金周转模型

现金周转模型是通过现金周转天数确定最佳现金持有量的模型。所谓现金周转天数是指从现金投入生产经营开始，到产成品出售收回现金的时间，它的长短取决于存货周转天数、应收账款周转天数和应付账款周转天数，其计算步骤及公式为：

第一步，计算现金周转期。

现金周转期＝存货周转期＋应收账款周转期－应付账款周转期

第二步，计算现金周转率。

现金周转率＝计算期天数÷现金周转期。式中，计算期天数通常按年（360天）计算

第三步，计算最佳现金持有量。

最佳现金持有量＝预计现金年需求总量÷现金周转率。

现金周转模型简单明了、易于操作，但在使用时应注意以下两个前提条件：

①企业的生产经营要持续稳定，现金支出须均匀稳定，不确定因素少，保证未来年度的现金总需求量可以根据产销计划比较准确地预计；

②未来年度与历史年度的周转效率基本一致或其变化率可以预计，使企业可以根据往年的历史资料较为准确地测算现金周转天数。如果上述前提条件不能满足，最佳现金持有量计算的准确性必然受到影响。

2. 成本分析模型

成本分析模型是根据现金有关成本，分析预测其总成本最低时现金持有量的一种方法。企业在运用成本分析模型确定最佳现金持有量时，只考虑因持有一定量的现金而产生的机会成本及短缺成本，而不予考虑管理费用和转换成本。

运用成本分析模型确定最佳现金持有量的步骤为：

①根据不同现金持有量测算并确定有关成本数值。

②按照不同现金持有量及其有关成本资料编制最佳现金持有量测算表。

③在测算表中找出总成本最低时的现金持有量，即最佳现金持有量。在这种模式下，最佳现金持有量，就是持有现金而产生的机会成本与短缺成本之和最小时的现金持有量。

3. 鲍莫尔模型

鲍莫尔模型是现金管理模型之一，用于确定目标现金余额，该模型将机会成本与交易成本结合考虑，现金余额在债券转换现金的机会成本和出售债券的管理费用之和最小化的约束内。鲍莫尔模型的理论基础是，经济行为以

收益最大化为目标，因此在货币收入取得和支用之间的时间差内，没有必要让所有用于交易的货币都以现金形式存在。

鲍莫尔模型的三个假定：

①人们收入的数量已定，间隔已定；支出的数量事先可知且速度均匀。

②人们将现金换成生息资产采用购买短期债券的形式，它们具有容易变现、安全性强的特征。

③每次变现（出售债券）与前一次的时间间隔及变现数量都相等。

满足以上三个条件，可以据此预测最优现金持有量。

鲍莫尔模型从存货理论出发，认为公司用于商品交易的现金余额不仅与公司的商品交易规模有关，而且与机会成本、市场利率有关，该模型属于现金余额的优化模型，对公司关于现金余额的决策有一定的指导意义。该模型的分析思路如下：

公司期初的现金余额为 C，期末的现金余额为 0，期间平均现金余额为 $C/2$。机会成本为年 K，年交易额为 T，每次买卖证券需要的费用（管理成本）为 F。

总成本由两个部分构成，机会成本和管理成本。机会成本为 $C/2 \times K$，交易成本为 $T/C \times F$，总成本为 $C/2 \times K + T/C \times F$，为了使总成本达到最小，可以得到—— $C^* = \sqrt{\dfrac{2TF}{K}}$，其中 C^* 为期初现金最佳持有规模；平均现金持有规模为 $C^*/2$。

该模型的缺点：一是严格假定公司有一个恒定的支付频率，而大多数公司都没有一个恒定的支付频率；二是该模型假定公司在计划期间没有安全库存，而事实上大多数公司都有安全库存。

4. 米勒－奥尔模型

米勒－奥尔模型（Miller-Orr model）是现金管理模型之一，用于在现金流入量和现金流出量每日随机波动情况下确定目标现金余额。米勒－奥尔模型是在无法预测每日现金流量的前提约束下，根据每日现金流量的方差、债券交易成本和债券利息设定企业可以接受的现金余额波动范围，比鲍莫尔模型的假设更贴近实际。

该模型是建立在对控制上限（H）、控制下限（L）以及目标现金余额（Z）这三者进行分析的基础上的。企业的现金余额在上、下限间随机波动，

在现金余额处于 H 和 L 之间时，不会发生现金交易。当现金余额升至 H 时，比如说点 X，则企业购入 $H \sim Z$ 单位（美元）的有价证券，使现金余额降至 Z。同样的，当现金余额降至 L，如点 Y（下限），企业就需售出 $Z \sim L$ 单位有价证券，使现金余额回升至 Z。这两种情况都是使现金余额回到 Z，其中，下限 L 的设置是根据企业对现金短缺风险的愿意承受程度确定的。

与鲍莫尔模型相同的是，米勒－奥尔模型也依赖于交易成本和机会成本，且每次转换有价证券的交易成本被认为是固定的，而每期持有现金的百分比机会成本则是有价证券的日利率。与鲍莫尔模型不同的是，米勒－奥尔模型每期的交易次数是一个随机变量，且根据每期现金流入与流出量的不同而发生变化。

因此，每期的交易成本就决定于各期有价证券的期望交易次数。同理，持有现金的机会成本就是关于每期期望现金额的函数。

给定企业设定的 L，米勒－奥尔模型就可以解出目标现金余额 Z 和上限 H。现金余额返回政策的期望总成本等于期望交易成本和期望机会成本之和。米勒和奥尔确定令期望总成本最小的 Z（现金返回点）和 H（上限）的值为：

$$Z = \sqrt[3]{\frac{3F\sigma^2}{4K}} + L$$

$$H = 3Z - 2L$$

公式中 F 代表证券交易成本，K 代表有价证券的日收益率，其中：σ^2 是日净现金流量的方差。

米勒－奥尔模型中的平均现金余额为：

$$平均现金余额 = \frac{4Z - L}{3}$$

要运用米勒－奥尔模型，必须完成以下四项工作：

①设置现金余额的控制下限，该下限与管理者确定的最低安全边际有关。

②估计日净现金流量的标准差。

③确定利率。

④估计转换有价证券的交易成本。

通过以上四步就可以计算现金余额的上限和返回点了。米勒－奥尔用一个大工业企业九个月的现金余额数据检验他们的模型，由这一模型得出的日平均现金余额大大低于企业实际获得的平均数值。

米勒－奥尔模型更加明确现金管理的关键。首先，该模型说明最优返回点 Z 与交易成本 F 正相关，而与机会成本 K 负相关，这一发现与鲍莫尔模型的结论是基本一致的。

其次，米勒－奥尔模型说明最优返回点及平均现金余额都与现金流量这一变量正相关，这就意味着，现金流量更具不确定性的企业应保持更大数额的平均现金余额。

6.2.2 应收款项

应收款项是企业由于采用赊销方式销售商品或提供劳务而享有的向顾客收取款项的权利，主要包括：应收账款、应收票据、预付款项、应收股利、应收利息、其他应收款等。应收款项科目应根据所属各明细科目的期末借方余额合计，减去坏账准备科目中有关相应计提的坏账准备期末余额后的金额填列。财务尽调人员对应收款项的核查分析应做好以下工作：

①取得应收款项明细表和账龄分析表、主要债务人及主要逾期债务人名单等资料，并进行分析核查；了解大额应收款形成原因、债务人状况、催款情况和还款计划。

②抽查相应的单证和合同，对账龄较长的大额应收账款，分析其他应收款发生的业务背景，核查其核算依据的充分性，判断其收回风险；取得相关采购合同，核查大额预付账款产生的原因、时间和相关采购业务的执行情况；调查应收票据取得、背书、抵押和贴现等情况，关注由此产生的风险。

③结合公司收款政策、应收账款周转情况、现金流量情况，对公司销售收入的回款情况进行分析，关注报告期应收账款增幅明显高于主营业务收入增幅的情况，判断由此导致的经营风险和对持续经营能力的影响。

④判断坏账准备计提是否充分、是否存在操纵经营业绩的情形。

⑤分析报告期内与关联方之间往来款项的性质，是正常业务经营往来还是无交易背景下的资金占用。

（一）应收款项周转率分析

应收账款周转率分析是对企业销货净额（或赊销收入净额）与应收账款

平均余额比率的分析。

应收账款周转率反映企业在一定时期内应收账款的周转次数，是评价企业流动资产流动状况和企业货款回收状况的指标。周转次数越高，说明企业收款能力越强，企业资产的流动性越好。财务尽调人员在分析应收账款周转率时，应注意的是，凡是有赊销业务的企业，如果企业的销售净额与应收账款的比值偏低，可能因该企业过份扩大信用，或因收账部门工作效率过低，或因客户偿债能力差所致。反之，如果应收账款周转率偏高，说明该企业可能因过份收缩信用或无法扩大信用所致。与应收账款周转率有关的指标是平均收账期间，即应收账款的收回平均需要的时间，其计算公式为：

平均收款期间＝应收账款平均余额/销售净额×360（天）＝360（天）÷应收账款周转率

应收账款周转率，要与企业的经营方式结合考虑。以下四种情况使用该指标不能反映实际情况：第一，季节性经营的企业；第二，大量使用分期收款结算方式的企业；第三，大量使用现金结算销售的企业；第四，年末大量销售或年末销售大幅度下降的企业。

一般来说，应收账款周转率越高越好，表明公司收账速度快，平均收账期短，坏账损失少，资产流动快，偿债能力强。与之相对应，应收账款周转天数则是越短越好。如果公司实际收回账款的天数超过公司规定的应收账款天数，则说明债务人拖欠时间长，资信度低，增加发生坏账损失的风险；同时也说明公司催收账款不力，使资产形成呆账甚至坏账，造成流动资产不流动，这对公司正常的生产经营是很不利的。但从另一方面说，如果公司的应收账款周转天数太短，则表明公司奉行较紧的信用政策，付款条件过于苛刻，这样会限制企业销售量的扩大，特别是当这种限制的代价（机会收益）大于赊销成本时，会影响企业的盈利水平。

有一些因素影响应收账款周转率和周转天数计算的正确性。首先，由于公司生产经营的季节性原因，使应收账款周转率不能正确反映公司销售的实际情况。其次，某些上市公司在产品销售过程中大量使用分期付款方式。再次，有些公司采取大量收取现金方式进行销售。最后，有些公司年末销售量大量增加或年末销售量大量下降。这些因素都会对应收账款周转率或周转天数造成很大的影响。尽调人员在分析这两个指标时应将公司本期指标和公司前期指标、行业平均水平或其他类似公司的指标相比较，判断该指标的高低。

（二）应收款项账龄分析

账龄分析法是按应收账款拖欠时间的长短，分析判断可收回金额和坏账的一种方法。通常而言，应收账款账龄越长，其所对应坏账损失的可能性越大。应收账款按账龄长短可分为若干组，财务人员可以按组估计坏账损失的可能性，从而计算坏账损失的金额。

账龄是指负债人所欠账款的时间，账龄越长，发生坏账损失的可能性就越大。账龄分析法是指根据应收账款的时间长短估计坏账损失的一种方法，又称应收账款账龄分析法。财务人员采用账龄分析法时，可将不同账龄的应收账款进行分组，并根据前期坏账实际发生的有关资料，确定各账龄组的估计坏账损失百分比，再将各账龄组的应收账款金额乘以对应的估计坏账损失百分比数，计算各组的估计坏账损失额之和，即为当期的坏账损失预计金额。

在估计坏账损失之前，可将应收账款按其账龄编制一张应收账款账龄分析表，借此了解应收账款在各个顾客之间的金额分布情况及其拖欠时间的长短。

账龄分析表所提供的信息，可使尽调人员了解收款、欠款情况，判断欠款的可收回程度和可能发生的损失。对于企业管理者来说，利用该表，还可酌情作出采取放宽或紧缩商业信用政策，并可作为衡量负责收款部门和资信部门工作效率的依据。

第一步：在会计末期，应根据企业应收账款资料编制应收账款账龄分析表；

第二步：根据应收账款账龄表和企业事先确定的不同账龄的估计坏账百分比计算和编制期末坏账损失估计表；

第三步：根据表中计算所得的估计损失金额，确定期末应补提或冲销的坏账准备金额；

第四步：编制相应的会计分录登记账簿。

这种方法的优点是运用简便，并能估计应收账款不能变现的数额；缺点是不完全符合配比原则，因而影响各期净收益数额的正确性。

6.2.3 存货

存货是指企业在日常活动中持有以备出售的产成品或商品、处在生产过程中的在产品、在生产过程或提供劳务过程中耗用的材料或物料等，主要包括各类材料、在产品、半成品、产成品或库存商品以及包装物、低值易耗品、委托加工物资等。在符合定义的情况下，同时满足与该存货有关的经济利益很可能流入企业且该存货的成本能够可靠地计量，才能予以确认。

存货作为企业资产的重要组成部分，能保证企业的生产和经营正常、持续、均衡地进行，正因为它与企业生产和经营的密切关系，即使不做专业的指标分析，只关注它的基本变化，也可以了解企业的经营状态。存货是一项流动资产，在一定程度上体现对债务偿还的保障程度，尤其对短期债权人而言，存货量大优于存货量小。存货量大说明企业的生产储备充足，成品库存多，短期偿债能力强。尽调人员对存货的核查分析应做好以下工作：

①取得存货明细表，核查存货余额较大、周转率较低的情况；结合生产情况、存货结构及其变动情况，核查存货报告期内大幅变动的原因。

②结合原材料及产品特性、生产需求、存货库存时间长短，实地抽盘大额存货，确认存货计价的准确性，核查是否存在大量积压或超额储备不经常使用存货设备情况，分析提取存货跌价准备的计提方法是否合理、提取数额是否充分；测算发出存货成本的计量方法是否合理。

（一）存货结构分析

存货结构是指材料、在产品、产成品占存货的比例。正常情况下存货结构应该保持相对的稳定，在分析时如果发现存货比重变化较大，则应进一步查明原因。

举个例子：海天味业的存货主要由在产品、库存商品、原材料、包装物和低值易耗品构成。从六年数值平均占存货比例来看，在产品占比最多，大概占比50%，库存商品次之占比30%，原材料较低占比20%，包装物和低值易耗品共占不到5%。2017年海天味业加大生产力度，大量购入原材料投入生产，在产品逐渐生产完成转为库存商品，如下图（6-1）所示。

（二）存货资产比分析

由于存货余额是对企业资金的占用，而不同行业、不同规模、不同经营模式公司的存货水平不同，因此，比较存货水平时可以采用存货资产比。尽调人员可以将其与公司历史指标的变化作对比，将其与行业均值或可比公司作对比，以此评估企业存货占用资金的程度。

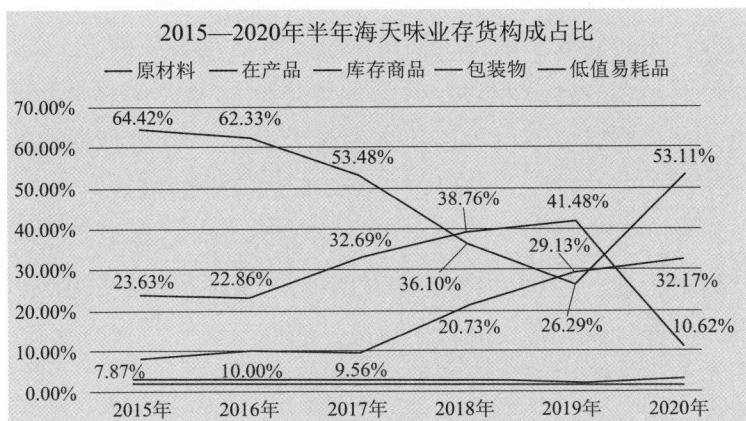

图 6-1　2015—2020 年半年海天味业存货构成占比图

如果存货占总资产比过高，不仅会大量积压公司的资金，而且，当市场价格下跌，公司发生存货折价准备的风险较大，影响企业盈利。因此，企业维持一个稳定且适当的存货占总资产比，有助于企业的长远稳健发展。

举个例子：小张做了一堆时下流行的、看起来就很"壕"的桌椅，原材料很贵，桌椅的制作周期也长，小张就指着这些桌椅卖钱。但是过了一段时间，市场又开始流行低调内敛风的桌椅，小张原来"壕"气的桌椅打 5 折也卖不出去，甚至因为成本太高，占用资金太多，连店都要开不下去了。

若企业存货占总资产比过大，说明企业有进一步去库存的内在需求，此时，企业往往通过降低售价及毛利率以扩大销售；反之，则毛利率有可能进一步上升，企业业绩也有可能进一步提升。比如，蛋糕店当天做的蛋糕多了，临近保质期还没有卖出去，就会打折促销以扩大销售。

（三）存货周转率分析

存货周转率又名库存周转率，是企业一定时期营业成本（销货成本）与平均存货余额的比率，用于反映存货的周转速度，即存货的流动性及存货资金占用量是否合理，存货周转率分析可以促使企业在保证生产经营连续性的同时，提高资金的使用效率，增强企业的短期偿债能力。存货周转率是对流动资产周转率的补充说明，是衡量企业投入生产、存货管理水平、销售收回能力的综合性指标。

存货周转率是衡量和评价企业购入存货、投入生产、销售收回等各环节管理状况的综合性指标，它是销货成本被平均存货所除而得到的比率，或叫存货周转次数，用时间表示的存货周转率就是存货周转天数。

存货周转率是企业营运能力分析的重要指标之一，在企业管理决策中被广泛地使用。存货周转率不仅可以用来衡量企业生产经营各环节的存货运营效率，而且还被用来评价企业的经营业绩，反映企业的绩效。

存货周转率是对流动资产周转率的补充说明，通过存货周转率的计算与分析，可以测定企业一定时期内存货资产的周转速度，是反映企业购、产、销平衡效率的一种尺度。存货周转率越高，表明企业存货资产变现能力越强，存货及占用在存货上的资金周转速度越快。

存货周转率指标的好坏反映企业存货管理水平的高低，它影响企业的短期偿债能力，是整个企业管理的一项重要内容。一般来讲，存货周转速度越快，存货的占用水平越低，流动性越强，存货转换为现金或应收账款的速度越快。因此，提高存货周转率可以提高企业的变现能力。财务尽调人员在计算和评估存货周转率时，应注意以下几个方面的问题。

①计算存货周转率时，使用销售收入还是销售成本作为周转额，主要看分析的目的。如果分析目的是判断短期偿债能力，应采用销售收入。如果分析目的是评估存货管理业绩，应当使用销售成本。

②存货周转天数不是越低越好。比如，减少存货量，可以缩短周转天数，但可能对正常的经营活动带来不利影响。

③应注意应付款项、存货和应收账款（或销售）之间的关系。关注构成存货的产成品、自制半成品、原材料、在产品和低值易耗品之间的比例关系。正常的情况下，各类存货之间存在某种比例关系，如果某一类的比重发生明显的大幅度变化，可能就暗示存在某种问题。比如，产成品大量增加，其他项目减少，很可能销售不畅，放慢了生产节奏。此时，总的存货余额可能并没有显著变化，甚至尚未引起存货周转率的显著变化。

（四）存货周转天数分析

存货周转天数是指企业从取得存货开始，至消耗、销售为止所经历的天数，通过企业一定时期（通常为 1 年）内销售成本与平均存货之间的比例关系计算得到。周转天数越少，说明存货变现的速度越快，存货占用资金时间越短，存货管理工作的效率越高，计算公式为：

存货周转天数＝360÷存货周转次数

存货周转次数＝主营业务成本÷存货平均金额

存货平均金额＝（期初金额＋期末金额）÷2

存货周转天数越少，表明存货周转次数越多，平均存货越少。存货过少不能满足流转需要，所以存货周转天数不是越少越好。但是也不是存货周转天数越多越好，因为存货过多会占用过多的资金，造成资源浪费。在特定的生产经营条件下，企业存在一个最佳的存货水平。存货周转天数加上应收账款周转天数再减去应付账款周转天数即得出公司的现金周转周期这一重要指标。

存货周转天数表示在一个会计年度内，存货从入账到销账周转一次的平均天数（平均占用时间），存货周转天数越短越好。存货周转次数越多，则周转天数越短；周转次数越少，则周转天数越长。存货周转次数表示一个会计年度内，存货从入账到销账平均周转多少次，存货周转次数越多越好。

存货周转分析指标是反映企业营运能力的指标，可用来评价企业的存货管理水平，还可用来衡量企业存货的变现能力。如果存货适销对路，变现能力强，则周转次数多，周转天数少；反之，如果存货积压，变现能力差，则周转次数少，周转天数长。提高存货周转率，缩短营业周期，可以提高企业的变现能力。

存货周转速度反映存货管理水平。存货周转速度越快，存货的占用水平越低，流动性越强，存货转换为现金或应收账款的速度越快。它不仅影响企业的短期偿债能力，也是整个企业管理的重要内容。

6.2.4　对外投资

财务尽调人员在对目标企业进行对外投资的核查分析时，一般应做好以下五方面的工作：

①查阅公司股权投资的相关资料，了解其报告期的变化情况；取得被投资公司的营业执照、报告期的财务报告、投资协议等文件，了解被投资公司经营状况，判断投资减值准备计提方法是否合理、提取数额是否充分，投资收益核算是否准确。对于依照法定要求需要进行审计的被投资公司，应该取

得相应的审计报告。

②取得报告期公司购买或出售被投资公司股权时的财务报告、审计报告及评估报告（如有），分析交易的公允性和会计处理的合理性。

③查阅公司交易性投资相关资料，了解重大交易性投资会计处理的合理性；取得重大委托理财的相关合同及公司内部的批准文件，分析该委托理财是否存在违法违规行为。

④取得重大项目的投资合同及公司内部的批准文件，核查其合法性、有效性，结合项目进度情况，分析其影响及会计处理合理性。

⑤了解集团内部关联企业相互投资，以及间接持股的情况。

6.2.5　固定资产

固定资产是指企业为生产产品、提供劳务、出租或者经营管理而持有的、使用寿命超过一个会计年度的有形资产，主要包括房屋和建筑物、一般办公设备、专用设备、机械设备、运输设备等。固定资产科目根据固定资产原值减去累计折旧和累计减值准备后的余额填列。财务尽调人员在对目标企业进行固定资产核查分析时，应做好以下两方面工作：

①取得固定资产的折旧明细表和减值准备明细表，通过询问生产部门、设备管理部门和基建部门以及实地观察等方法，核查固定资产的使用状况、在建工程的施工进度，确认固定资产的使用状态是否良好，在建工程是否达到结转固定资产的条件，了解是否存在已长期停工的在建工程、长期未使用的固定资产等情况。

②分析固定资产折旧政策的稳健性以及在建工程和固定资产减值准备计提是否充分，根据固定资产的会计政策对报告期内固定资产折旧计提进行测算。

6.2.6　无形资产

无形资产是指企业拥有或者控制的没有实物形态的可辨认非货币性资产。无形资产的特征：由企业拥有或控制并能为其带来未来经济利益的资源、不具有实物形态、具有可辨认性，主要包括专利权、非专利技术、商标权、著作权、特许权、土地使用权等。无形资产通常是按实际成本计量，即以取得无形资产并使之达到预定用途而发生的全部支出，作为无形资产的成本。无形资产科目根据无形资产原值减去累计摊销和累计减值准备后的余额填列。财务尽调人员在核查目标企业无形资产时，应做好以下工作：

①对照无形资产的有关协议、资料，了解重要无形资产的取得方式、入账依据、初始金额、摊销年限及确定依据、摊余价值及剩余摊销年限。

②无形资产的原始价值是以评估值作为入账依据的，应该重点关注评估结果及会计处理是否合理。

6.2.7　投资性房地产

投资性房地产是指为赚取租金或资本增值（房地产买卖的差价），或两者兼有而持有的房地产，主要包括已出租的土地使用权、持有并准备增值后转让的土地使用权、已出租的建筑物。投资性房地产按成本进行初始计量，后续计量有成本模式和公允价值两种模式，但同一企业只能采用一种模式对其所有投资性房地产进行后续计量，不能同时采用两种计量模式，即不得对一部分投资性房地产采用成本模式，对另一部分房地产采用公允价值模式进行后续计量。企业采用成本模式计量投资性房地产的，本项目应根据投资性房地产科目余额减去投资性房地产累计折旧和投资性房地产减值准备科目余额后的金额填列。企业采用公允价值模式计量投资性房地产的，本项目应根据投资性房地产科目的期末余额填列。

财务尽调人员主要核查重要投资性房地产的种类和计量模式。采用成本模式的，核查其折旧或摊销方法以及减值准备计提依据；采用公允价值模式的，核查其公允价值的确定依据和方法。了解重要投资性房地产的转换及处置的确认和计量方法，判断上述会计处理方法是否合理，分析其对公司经营状况的影响程度。

6.2.8　应付款项

应付款项，是指公共组织在经济活动中应当支付而尚未支付的各种款项，包括应付账款、应付票据和其他应付款。

财务尽调人员应获取公司的应付款项明细表，重点查看大额应付账款的账龄，若有逾期未付的账款，则应查明原因；了解公司的应付票据、其他应付款和长期应付款，查明其发生原因及其具体的业务内容；了解公司的纳税信用等级，核查其是否存在大额欠缴税款的情况。

第 *7* 章
财务报表外项目分析

　　财务报告可以分为两部分：表内项目与表外披露。表内项目即财务报表，它是财务报告的核心。任何企业都必须依据会计准则披露财务信息，必须按照规范的方式形成财务报表。表外披露是：提供财务报表反映的会计信息以外的，对会计信息使用者进行经济决策有重大影响的财务或非财务事项，其形式相对较为多样。由于会计准则和会计制度的规定，部分项目往往不需要或者不能在表内进行确认，因此形成表外项目。表外披露是会计信息的一个重要组成部分。现阶段财务报告使用者对财务报表表外项目越来越重视。

7.1 对外担保

对外担保是在一般商业经济活动中，债权人为保障自身权益规避相关风险而选择采取的一种行为，同时也是财务尽调人员需要重点关注的内容。本章首先介绍对外担保的基本情况，在此基础上围绕公司常用的三种对外担保方式展开财务尽调分析工作需要着手和注重的方面。

7.1.1 对外担保基本情况

在商业经济活动中，债权人为了保障自身权益的实现，避免由于债务人违约对自身利益造成影响，降低可能出现不利损失的风险，会要求以债务人或第三人的信用或某些特定的财产对债务提供保证，这种行为即为担保活动。担保方式主要有五种：抵押、质押、保证、留置、定金。担保主体是公司时有三种对外担保的方式：保证、抵押和质押，定金和留置不适用。

公司对外担保，是指公司以自身信用或财产为他人的债务进行担保。公司以自身财产对自身债务进行担保的活动可获得更畅通的融资渠道，而对外担保对自身经营活动、资产安全是存在潜在不利影响的。被担保方在融资时可能获得较低的利息成本，一旦不能如期履行债务义务，担保方则需要代为偿还。担保方可能业绩受损，增加债务风险和诉讼损失。因此企业必须经过综合评判向被担保方收取对等的经济利益。《中华人民共和国公司法》《中华人民共和国民法典》对公司对外担保作出相关规定，以防止公司大股东或法定代表人越权对外担保，造成本公司利益损失，保护中小股东利益。

财务尽调人员在调查分析目标企业对外担保情况时，应从以下三方面着手：

①分析公司对外担保情况，可从计算担保金额占公司净资产、总资产的比重，对外担保是否获得对等收益等方面着手。分析对外担保是否超出企业可承受能力，是否符合商业实质，分析存在内部人利益输送的可能性；调查担保决策过程是否符合有关法律法规和公司章程等的规定，分析担保是否具有效力，是否存在法律风险；调查被担保方是否具备履行义务的能力、是否提供必要的反担保，分析倘若被担保方无法履行偿债义务，对公司正常生产经营和盈利状况的影响程度。

②对于企业的担保行为，无论是非关联方公司间的担保还是母子公司、关联方间的担保，都有可能产生财务风险及盲点，容易成为某些公司用来粉饰财务报表的工具。财务报告的使用者应警惕公司财务信息披露中存在的大额对外担保事项。非正常的大额担保背后可能隐藏财务危机和陷阱。部分企业存在信息披露违规的问题，大额担保不在报表外事项中披露，导致信息使用者决策失败。

③财务尽调小组在阅读公司财务报告时应重视企业担保情况，了解企业提供担保的对象、担保金额的大小、被担保企业的经营状况，厘清被担保企业与本公司之间的关系、做出担保行为的决策依据等信息。财务尽调过程中可向银行、律师事务所等外部机构函证公司的担保以及诉讼情况；同时，应关注企业会计制度变动对担保事项披露产生的影响，避免由于会计处理的变动造成对担保信息理解的偏差。

7.1.2 对外担保风险评估

代被担保人偿债风险。由于某项债权债务关系中的债权人无法对债务人的偿债能力做出可靠评估，或是对其偿债能力持消极态度，希望能将双方的借贷风险部分或全部转嫁到担保风险上。因此对于担保人来说，评估债务人，或者说被担保人的偿债能力以及该项担保活动的代为偿还风险是处于基础地位的。担保企业以此判断对外担保应取得怎样的预期收益以及该预期收益实现的可能性大小。假如担保企业没有通过自身或委托具有资质中介机构对担保申请人的资信状况进行深入资信调查，将导致担保企业盲目承担对外担保连带责任。高昂的担保责任很可能对公司财务状况、经营活动、持续经营能力产生重大不利影响，需要通过政策性风险分析、技术性风险分析、经营管理风险分析、市场风险分析、财务风险分析、道德风险分析等方式进行综合判断代被担保人偿债风险。

对外担保合规性风险。法定代表人违反法律法规关于公司对外担保决议程序的规定，超越权限代表公司与相对人订立担保合同的越权担保。担保企业没有认真贯彻执行企业对外担保制度，担保审批程序不合规，重大事项不实行集体决议或联签制度，导致企业承担对外担保后续风险的概率倍增。对外担保可能存在利益输送的目的，其担保程度与企业价值呈现负相关。企业需要重点关注对分支机构管理缺失导致的违规担保，避免出现争议或纠纷，导致公司不得不承担法律后果的风险；坚决防范出现违规对外担保，避免被监管机构行政处罚，甚至是追究刑事责任。

担保业务管理风险。担保业务的管理包括担保事项事前审定、反担保措施设定、决策与合同签订、担保业务后续评估、代偿后的追偿等，是全面、系统的管理。事前审查不充分、操作不合规、担保业务后续未跟进都可能给担保企业带来风险。企业防范担保风险的一项重要措施是设置反担保。反担保是指为保障债务人之外的担保人将来承担担保责任后对债务人追偿权的实现而设定的担保。反担保措施的设置同样需要历经一定的法定程序。对于被担保方提供的反担保措施，担保企业需要评估反担保措施是否充分，以及日后的可操作性和可变现性，否则反担保措施将成为一纸空文。

信息披露风险。企业对外担保信息可能未在财务报告中披露，也可能披露信息不能准确反映担保实质。一方面股东及债权人认为自身资产份额在企业总资产比重降低，难以保证自身利益的实现，导致企业获得外部资金融资渠道、资金支持难度加大。融资成本的提高又反过来导致企业偿债能力和盈利能力的降低。另一方面，对外担保或有事项在符合会计准则确认条件时，若企业未及时确认预计负债，则会使企业低估自身负债，实际的偿债风险比财务报表数字反映出来的要高。

7.2 资产抵押

除了对外担保之外，常规的财务尽职调查中还需要关注企业的资产抵质押情况，如动产抵押、股权质押等。通过资产抵押信息的侧面印证，可以帮助充分了解企业的对外融资总额和担保情况、企业自身资产的变现能力，以对企业整体融资的偿还能力做出合理评估。

7.2.1　资产抵押基本情况

抵押是一种以物担保债权的方式。债务人或者第三人依然占有被抵押的财产，具有相关财产的使用权。债务到期时若债务人无法依约履行偿债义务，债权人有权就该财产以拍卖、变卖等方式获得的价款优先受偿。可抵押资产应具备一定条件，包括抵押人享有资产处分权、抵押财产具有流通性、法律允许转让等。《中华人民共和国民法典》规定，可抵押的财产包括：不动产、动产、不动产权利三类。

不动产：①建筑物和其他土地附着物。②在建物，指正在建设的建筑物。

动产：①生产设备和原材料、半成品、产品等。②交通运输工具。③在建船舶、航空器。

不动产权利：①建设用地使用权。②农村土地经营权。③海域使用权。

同时，《中华人民共和国民法典》采用兜底条款，法律、行政法规未禁止抵押的其他财产也可进行抵押。在签立抵押合同之后，不动产、动产、不动产权利都应注意依照相关规定办理相应手续，后续应继续关注抵押资产存在性、抵押资产市场价值波动等情况。

7.2.2　资产抵押风险评估

资产抵押合同认定法律风险。我国法律对一些法人主体担保行为有限制性规定，比如机关法人和村（居）委会等。《最高人民法院关于适用〈中华人民共和国民法典〉有关担保制度的解释》明确相关法人主体无论提供保证或物保都是无效的。对于抵押标的物来说部分财产具有不得抵押的规定，不得抵押财产包括：

①土地所有权，我国土地归国家和集体所有，不得处分。

②宅基地和自留地、自留山等集体所有土地的使用权，《中华人民共和国土地管理法》规定，宅基地和自留地、自留山，属于农民集体所有。

③公益设施（教育设施、医疗卫生设施和其他公益设施）。

④所有权、使用权不明或者有争议的财产。

⑤被依法查封、扣押、监管的财产。

⑥其他不得抵押财产。资产抵押合同签订时，需要判断抵押物是否合法、抵押人主体身份是否符合规定、抵押人对抵押物是否具有合法、合规、完整、独立的产权。若债权人未能识别、认定各个对象的合法资格，忽略各类法律法规的强制性规定，可能导致抵押合同在法律上不被认可。

抵押物估价不当的风险。抵押物估价重要的原则是需要保证债权的相对安全，应依据抵押物预期寿命、功能适销率、价格、利润等构建科学、合适的评估模型。债权人既要考虑抵押物的即期价值，更要对贷款到期时的价值进行综合测算，充分考虑抵押资产处置难易程度，得出未来某时点抵押物的有效变现价值。债权人可通过正规的资产评估公司对抵押物估价，获得相对客观的第三方市场估价，增强债权人企业在抵押活动的安全性。

市场价格和政策变动的风险。抵押期限灵活性较大。长期的资产抵押活动，与其相关的债权债务活动金额往往较大，在面临多种不可预见的因素，充满不确定性的背景下，一旦发生负面事项，对于整体资产抵押活动影响程度也较高。一方面可能存在对未来事项预估出现偏差，导致未来的抵押物市场价格或者资产可流动性降低；另一方面该项资产由于某些原因导致与市场上同类资产市场价格相差较大。这些情况都可被认为企业抵押物出现贬值，将导致抵押不足的情况发生，严重影响债权人的利益。

7.3 诉讼

企业在经营中面对许多合同签订、履行的复杂情况，不可避免地会遇到诉讼的问题。在进行财务尽职调查时，充分了解目标企业诉讼情况可以为投资者提供更为明确的风险评估，从而降低未来的经营风险。

7.3.1 诉讼情况汇总

诉讼是指人民法院根据纠纷当事人的请求，运用审判权确认争议各方权利义务关系，解决纠纷的活动。诉讼是解决经济纠纷的一种重要手段，很多情况下也是合法解决经济纠纷的最终办法。经济纠纷所涉及的诉讼包括行政诉讼和民事诉讼，一般很少涉及刑事诉讼。行政诉讼是指公民、法人或者其他组织认为行政机关的行政行为侵犯其合法权益，向人民法院提起诉讼，人民法院依法予以受理、审理并做出裁判的活动。比如纳税人对税务机关征管行为合法性提出异议，可依规向人民法院提起行政诉讼，人民法院依法审理行政案件做出判决。民事诉讼，是指民事争议的当事人向人民法院提出诉讼请求，人民法院在双方当事人和其他诉讼参与人的参加下，依法审理和裁判民事争议的程序和制度。

财务报表信息披露和财务报表使用者应主要关注公司作为被告而产生的未决诉讼。未决诉讼，即诉讼过程尚未结束，还在进行中的诉讼。已判决诉讼产生的影响是确定的，其影响已在财务报表中反映。未决诉讼的影响存在不确定性，是否对公司造成重大不利影响也存在不确定性。因此未决诉讼作为非财务信息需要按照会计准则的要求进行披露，避免对财务报表使用者产生严重误导，有利于其充分权衡各类事项的风险做出理性决策。很多情况下披露的未决诉讼事项都是正在进行中的民事诉讼，而不包括行政诉讼和刑事诉讼。

未决诉讼是过去的交易或事项可能导致未来所发生的事件而产生的潜在负债，符合或有负债的定义。未决诉讼的性质需要在会计报表附注中披露，包括经济利益流出不确定性的说明、或有负债预计产生的财务影响、获得补偿的可能性等，对于无法预计的事项也应当说明原因。未决诉讼是否要计提预计负债需要考虑诉讼的判决导致经济利益流出企业的可能性以及该义务是否能用金额可靠的计量。

例：A 有限公司 2018 年 8 月对外发生银行借款 2 亿元，借款期限为 2 年，D 有限公司为该笔借款提供无限连带责任担保。2020 年 8 月借款到期后，A 有限公司由于资金流困难，无法偿还到期借款，银行在 2020 年 10 月份对 A 有限公司进行起诉，D 公司一同作为被告。

由于截至 2020 年 12 月 31 日，该诉讼法院还没有进行一审判决，D 公司不确定是否需要承担连带担保责任。首先，对于该项未决诉讼，D 公司在财务报表中无须计提相应的预计负债；其次，需要在会计报表附注中披露该事项及可能造成的影响。

7.3.2 重大未决诉讼事项风险评估

未决诉讼不利信息隐瞒的风险。会计准则对于未决涉诉或仲裁非强制披露导致潜在风险点难以认定。我国在《企业会计准则第 13 号——或有事项》中规定，在涉及未决诉讼、未决仲裁的情况下，按照本准则第十四条披露全部或部分信息预期对企业造成重大不利影响的，企业无须披露这些信息，但应当披露该未决诉讼、未决仲裁的性质，以及没有披露这些信息的事实和原因。对不利的信息的披露影响企业的持续经营状况时，企业可能选择拒绝披露。例如企业未按期还款、产品安全、知识产权等问题形成的或有诉讼可能使信息使用者认为企业偿债能力、盈利能力出现问题，经营状况下降，对企业造成潜在重大不利影响，因此企业未必向外部进行披露。尽调人员可从多方面进行搜集证据，调查未披露的交易或事实。比如对原始凭证、账簿中律师费、诉讼费等事项进行深入调查，能够对未决涉诉或仲裁等案件进行进一步问询、了解。

诉讼失败风险。公司可能存在较大金额的未决诉讼。如果最终法院作出不利于公司的判决，公司可能需要支付大额赔偿款项，面临较大的流动性风险。为应对流动性风险，公司可能开展相关风险处置工作，处置事项较为复杂，最终风险化解方案能否顺利推进存在重大不确定性，存在或有负债变为实际负债的可能。

7.4 或有事项

或有事项是指过去的交易或者事项形成的，其结果须由某些未来事项的发生或不发生才能决定的不确定事项。它一般分为或有资产和或有负债两类，具体涉及的经济事件包括未决诉讼、债务担保、产品质量保证、重组义务等。或有事项随着事态发展，必将演变成确定性事项。所带来的财务上的后果，就是引发经济利益的真实流入或流出。因此，或有事项蕴含着对目标企业造成重大影响的可能性，必须在财务尽职调查的环节重点关注。

7.4.1 重大或有事项

依据《企业会计准则第 13 号——或有事项》及其应用指南，或有事项是指过去的交易或者事项形成的，其结果须由某些未来事项的发生或不发生才能决定的不确定事项。

①由过去交易或事项形成，是指或有事项的现存状况是过去交易或事项引起的客观存在。比如，未决诉讼虽然是正在进行中的诉讼，但该诉讼是企业因过去的经济行为导致起诉其他单位或被其他单位起诉，这是现存的一种状况而不是未来将要发生的事项。未来可能发生的自然灾害、交通事故、经营亏损等，不属于或有事项。

②结果具有不确定性，是指或有事项的结果是否发生具有不确定性，或者或有事项的结果预计将会发生，但发生的具体时间或金额具有不确定性。比如，债务担保事项的担保方到期是否承担和履行连带责任，需要根据债务到期时被担保方能否按时还款加以确定，这一事项的结果在担保协议达成时具有不确定性。

③由未来事项决定，是指或有事项的结果只能由未来不确定事项的发生或不发生才能决定。比如，债务担保事项只有在被担保方到期无力还款时企业（担保方）才履行连带责任。常见的或有事项主要包括：未决诉讼或仲裁、债务担保、产品质量保证（含产品安全保证）、承诺、亏损合同、重组义务、环境污染整治等。

7.4.2 重大或有事项风险评估

确认披露标准不明确的风险。经济活动随着科技与商业模式的变化呈现不同形态，企业面临的不确定性事项趋于复杂和多样化，但现有的披露规则未必能涵盖所有重大或有事项，或者存在披露约束不足的情况。实际工作中企业在披露相关事项时存在披露不充分或者披露避重就轻的情况。部分公司对形成原因进行了表述，但对可能造成的影响不进行明确说明；部分公司只愿意披露或有资产；部分公司预估或有事项可能产生的影响是不公允的。不同的财务人员对或有事项进行主观的会计处理时，会使披露的结果截然不同。

企业舞弊的风险。由于自身利益的诉求，企业存在造假舞弊的动机，引发风险。企业的经营成果和财务指标无法达到预期，由于存在舞弊的机会与动机，企业可能通过粉饰财务会计报表舞弊达到相应的目的。企业蓄意作假，不提供真实情况和资料等，在信息披露时加以隐瞒并呈报虚假信息，管理层的道德风险和欺诈行为会在很大程度上加大风险，使尽调人员无法获取充分适当的证据，这些都会产生相应的风险。

审计意见不可信的风险。部分上市公司存在重大诉讼未披露或者未决诉讼的影响尚且无法判断，以及重组义务对企业持续经营有重大不确定性影响，审计意见需要在强调事项中说明。值得注意的是，一些公司有大量的外部担保和抵押资产，但审计人员没有做出明确的声明和提示，还出具无保留意见的审计报告。审计师避重就轻的行为没有严格执行审计准则，无法向利益相关者提供真实、公正、独立的审计意见。

第 *8* 章

纳税情况

　　在财务尽职调查中，纳税情况调查是极其重要的一环。这个环节一般是在投资方在与目标企业达成初步合作意向后，经协商一致，由税务律师接受投资方的委托，在遵循勤勉尽责、诚实守信原则的基础上，对目标企业一切与本投资有关的税务事项进行调查，形成有助于投资方进行谈判磋商、做出投资决策的报告性文件，最终使投资方能够充分确信：目标企业与本投资有关的重大税务事项不存在显著的法律风险。本章将从税收缴纳及税收优惠情况，解读调查目标企业纳税情况的关键所在。

8.1 税收缴纳

在税收缴纳部分，需要重点关注目标企业主要经营活动所涉及的主要税种的全国性及地方性税收法律、法规、规章、政策性规定及其重大变化，了解目标企业涉及税种的缴纳情况并进行主要税种的风险点排查。

8.1.1 现行税费种类、税率

我国现行税种共 18 个，分别是：增值税、消费税、企业所得税、个人所得税、船舶吨税、城市维护建设税、车船税、印花税、耕地占用税、契税、环境保护税、房产税、车辆购置税、城镇土地使用税、土地增值税、资源税、烟叶税、关税。

1. 增值税

增值税是以商品及劳务流转过程中的增值额为征税对象所开征的一种税。从我国税收收入构成来看，增值税是我国第一大税种，也是我国企业缴纳最多的一种税。增值税是价外税，以不含增值税的价格作为计税依据。尽管从税负转嫁的角度来看，增值税的最终负担者是商品劳务的消费者，但是毫无疑问，企业需要承担向税务机关缴纳税款的义务。企业必须做到依法、合规缴纳税款。

在我国境内销售、进口货物或者提供加工、修理、修配劳务以及应税服务的单位和个人，为增值税纳税人。我国按照企业经营规模的大小和会计核算健全与否等标准，把增值税纳税人划分为一般纳税人和小规模纳税人，分别采用一般计税方法和简易计税方法进行计征。对于查账征收的纳税人来说，一般计税方法即为凭票抵扣，可抵扣增值税进项发票。而小规模纳税人和一般纳税人的部分项目，按照销售货物或者应税劳务取得的销售额和规定的征收率计算应纳增值税税额，不得抵扣进项税额。

一般计税方法：应纳增值税税额＝当期销项税额－当期进项税额

实行简易计税：应纳增值税税额＝销售额×征收率

一般计税方法增值税现行税率见下表：

表 8-1　一般计税方法增值税现行税率表

增值税税率	具体规定	
基本税率 13%	1. 纳税人销售或者进口货物 2. 纳税人提供加工、修理修配劳务 3. 有形动产租赁	
低税率 9%	货物类	1. 粮食等农产品、食用植物油、鲜奶 2. 自来水、暖气、冷气、热水、煤气、液化石油气、天然气、沼气、居民用煤炭制品、二甲醚 3. 图书、报纸、杂志；音像制品；电子出版物 4. 饲料、化肥、农药、农机、农膜 5. 食用盐
	服 务、无形 资 产、不动产类	1. 交通运输服务 2. 邮政服务 3. 基础电信服务 4. 建筑服务 5. 不动产租赁服务 6. 销售不动产 7. 转让土地使用权
低税率 6%	1. 现代服务 2. 增值电信服务 3. 金融服务 4. 生活服务 5. 销售无形资产	
零税率	1. 纳税人出口货物税率为零，但是，国务院另有规定的除外 2. 国际运输服务 3. 航天运输服务 4. 向境外单位提供的完全在境外消费的下列服务：研发服务、合同能源管理服务、设计服务、广播影视节目（作品）的制作和发行服务、软件服务、电路设计及测试服务、信息系统服务、业务流程管理服务、离岸服务外包业务	

简易计税方法增值税征收率见下表：

表 8-2　简易计税方法增值税征收率表

增值税征收率	具体规定
法定征收率 3%	1. 增值税小规模纳税人 2. 增值税一般纳税人适用简易征收办法时
特殊征收率 5%	部分特殊项目

2. 消费税

我国消费税是有选择的对生产、进口和委托加工应税消费品的流转额征收的一种税。对于从事相关行业的企业来说，消费税支出占其税款支出比例较大。消费税简易计税方法增值税征收率见下表：

表 8-3　消费税简易计税方法增值税征收率表

税　　目	具体内容		税　　率
烟	卷烟	生产、进口、委托加工环节　甲类卷烟	56% 加 0.003 元/支
		乙类卷烟	36% 加 0.003 元/支
		批发环节	11% 加 0.005 元/支
	雪茄烟		36%
	烟丝		30%
酒	白酒		20% 加 0.5 元、500 克（毫升）
	黄酒		240/吨
	啤酒	甲类啤酒	250/吨
		乙类啤酒	220/吨
	其他酒		10%
高档化妆品			15%
贵重首饰及珠宝玉石	金银首饰、铂金首饰和钻石及钻石饰品	零售环节	5%
	其他贵重首饰和珠宝玉石	生产、进口、委托加工环节	10%
鞭炮、烟火			15%

税 目	具体内容			税 率
成品油	汽油			1.52 元/升
	柴油			1.20 元/升
	航空煤油			1.20 元/升
	石脑油			1.52 元/升
	溶剂油			1.52 元/升
	润滑油			1.52 元/升
	燃料油			1.20 元/升
小汽车	零售价＜130 万元	出厂环节	乘用车	1%～40%
			中轻型商用客车	5%
	超豪华小汽车（≥130 万元）	出产环节	乘用车	1%～40%
			中轻型商用客车	5%
		零售环节		10%
摩托车	气缸容量 250 毫升（含 250 毫升）以下的摩托车			3%
	气缸容量 250 毫升以上的摩托车			10%
高尔夫球及球具				10%
高档手表				20%
游艇				10%
木制一次性筷子				5%
实木地板				5%
电池				4%
涂料				4%

3. 企业所得税

在中华人民共和国境内，企业和其他取得收入的组织均为企业所得税的纳税人。个人独资企业、合伙企业不缴纳企业所得税。企业所得税纳税人区分为居民企业与非居民企业，不同类型纳税人承担的纳税义务不同。居民企业与非居民企业，对其征税对象、适用税率都有所不同。企业所得税税率见下表：

表 8-4　企业所得税税率表

纳税人			税　率
居民企业			25%
非居民企业	在我国境内设立机构、场所，取得所得与设立机构、场所有实际联系的	就其来源于我国境内所得和发生在中国境外但与其在我国境内所设机构、场所有实际联系的所得征税	
	1. 在我国境内设立机构、场所，取得所得与设立机构、场所没有实际联系的 2. 没有在我国境内设立机构、场所，却有来源于我国境内的所得取得与设立机构、场所没有实际联系的	仅就其来源于我国境内的股息、红利等权益性投资收益和利息、租金、特许权使用费、转让财产所得、其他所得征税	低税率 20%（实际减按 10% 的税率征收）

　　按照《中华人民共和国企业所得税法》的规定，应纳税所得额为企业每一个纳税年度的收入总额，减除不征税收入、免税收入、各项扣除以及允许弥补的以前年度亏损后的余额。实际中我们采取间接法计算应纳税所得额，在会计利润上进行调整。应纳税所得额＝会计利润＋纳税调整增加额－纳税调整减少额。其中：会计利润（利润总额）＝营业利润＋营业外收入－营业外支出。

8.1.2　关联交易的税收政策

　　我国会计准则规定：一方控制、共同控制另一方或对另一方施加重大影响，以及两方或两方以上受同一方控制、共同控制或重大影响的，构成关联方。企业在关联方之间转移资源、劳务或义务的行为就是关联方交易，而不论企业是否向关联方收取对价。企业之间进行关联交易的目的并不相同，部分企业通过关联交易操作价格，分摊成本进行节税，但很多关联交易行为也是根据实际经济业务需求的。一方面关联交易可以减轻关联企业之间的交易成本，站在整体的角度实现企业间的利益需求，但是关联交易的交易价格不一定是在市场机制下形成的交易价格，关联双方企业都可能产生经济损失。

另一方面，税务机关会认为企业关联交易价格不公允，可能导致税收收入的减少。尽管企业未必是处于税务筹划的目的压低关联交易的应纳税所得额，但是企业和税务机关对于价格是否公允存在意见分歧。国家为了防范企业以及税务机关面对关联交易可能的涉税风险，针对关联交易制定一系列规范性的行政规章。企业关联交易存在法律风险，关联交易事项若不符合法律法规要求，可能遭受税务机关反避税调查。

依据《国家税务总局关于完善关联申报和同期资料管理有关事项的公告》规定，实行查账征收的居民企业和在中国境内设立机构、场所并据实申报缴纳企业所得税的非居民企业向税务机关报送年度企业所得税纳税申报表时，应当就其与关联方之间的业务往来进行关联申报，附送《中华人民共和国企业年度关联业务往来报告表（2016年版）》，依据关联交易的具体事项依法合规处理关联交易涉税事项。

在我国涉及关联交易重要税收政策文件如下：

《税收协定相互协商程序实施办法》（国家税务总局公告2013年第56号）

《国家税务总局关于居民企业报告境外投资和所得信息有关问题的公告》（国家税务总局公告2014年第38号）

《一般反避税管理办法（试行）》（国家税务总局令第32号）

《国家税务总局关于规范成本分摊协议管理的公告》（国家税务总局公告2015年第45号）

《国家税务总局关于完善关联申报和同期资料管理有关事项的公告》（国家税务总局公告2016年第42号）

《国家税务总局关于完善预约定价安排管理有关事项的公告》（国家税务总局公告2016年第64号）

《国家税务总局关于发布〈特别纳税调查调整及相互协商程序管理办法〉的公告》（国家税务总局公告2017年第6号）

《国家税务总局关于明确〈中华人民共和国企业年度关联业务往来报告表（2016年版）〉填报口径的公告》（国家税务总局公告2017年第26号）

《国家税务总局关于明确国别报告有关事项的公告》（国家税务总局公告2017年第46号）

《国家税务总局关于明确同期资料主体文档提供及管理有关事项的公告》（国家税务总局公告2018年第14号）

8.1.3 税收汇算清缴情况

所得税等税种，以纳税人整个年度的应纳税所得额为计征依据，在年度终了后按全年的应纳税所得额，依据税法规定的税率计算征税。为了保证税务机关能够及时、稳定的征收税款，使国家取得足额的财政收入，在一个纳税年度中企业需要采取分月、分季预缴税款，在年末进行汇算清缴。在年中分月、分季提前预缴的数额，按纳税人本月或本季度计算的课税依据进行调整计算，与年末实际应缴纳数额往往是不一致的。在纳税年度终了后，必须依据纳税人的年度财务报表进行纳税事项调整，对提前预缴的税款采取多退少补的措施。

企业所得税是企业最常见的需要进行汇算清缴的税种。根据《中华人民共和国企业所得税法》及其实施细则、《中华人民共和国税收征收管理法》及《国家税务总局企业所得税汇算清缴管理办法》等法律、法规的规定，企业所得税的汇算清缴应按以下程序进行：

（一）汇算清缴期限企业缴纳所得税，按年计算，分月或者分季预缴

纳税人应当在月份或者季度终了后十五日内，向其所在地主管税务机关报送会计报表、预缴所得税申报表和纳税人发生的应由税务机关审批或备案的有关税务事项；年度终了后四十五日内，向其所在地主管税务机关报送会计决算报表和所得税申报表，在年度终了后五个月内结清应补缴的税款。预缴税款超过应缴税款的，主管税务机关予以及时办理退税，或者抵缴下一年度应缴纳的税款。

需要注意的是：

①实行按月或按季预缴所得税的纳税人，其纳税年度最后一个预缴期的税款应于年度终了后 15 日内申报和预缴，不得推延至汇算清缴时一并缴纳。

②若纳税人已按规定预缴税款，因特殊原因不能在规定期限办理年度企业所得税申报的，则应在申报期限内提出书面延期申请，经主管税务机关核准后，在核准的期限内办理。

③若纳税人因不可抗力而不能按期办理纳税申报的，可以延期办理；但是，应当在不可抗力情形消除后立即向主管税务机关报告。主管税务机关经

查明事实后，予以核准。

④纳税人在纳税年度中间破产或终止生产经营活动的，应自停止生产经营活动之日起 30 日内向主管税务机关办理企业所得税申报，60 日内办理企业所得税汇算清缴，并依法计算清算期间的企业所得税，结清应缴税款。

⑤纳税人在纳税年度中间发生合并、分立的，依据税收法规的规定合并、分立后其纳税人地位发生变化的，应在办理变更税务登记之前办理企业所得税申报，及时进行汇算清缴，并结清税款；其纳税人的地位不变的，纳税年度可以连续计算。

（二）汇算清缴程序

1. 填写纳税申报表并附送相关材料

纳税人于年度终了后四个月内以财务报表为基础，自行进行税收纳税调整并填写年度纳税申报表及其附表〔包括销售（营业）收入及其他收入明细表，成本费用明细表，投资所得（损失）明细表，纳税调整增加项目明细表，纳税调整减少项目明细表，税前弥补亏损明细表，免税所得及减免税明细表，捐赠支出明细表，技术开发费加计扣除明细表，境外所得税抵扣计算明细表广告费支出明细表，工资薪金和工会经费等三项经费明细表资产折旧，摊销明细表，坏账损失明细表，事业单位、社会团体、民办非企业单位收入项目明细表，事业单位、社会团体、民办非企业单位支出项目明细表〕，向主管税务机关办理年度纳税申报。纳税人除提供上述所得税申报及其附表外，并应当附送以下相关资料：

①财务、会计年度决算报表及其说明材料，包括资产负债表、损益表、现金流量表等有关财务资料。

②与纳税有关的合同、协议书及凭证。

③外出经营活动税收管理证明和异地完税凭证。

④境内或者境外公证机构出具的有关证明文件。

⑤纳税人发生的应由税务机关审批或备案事项的相关资料。

⑥主管税务机关要求报送的其他有关证件、资料。

2. 税务机关受理申请，并审核所报送材料

①主管税务机关接到纳税人或扣缴义务人报送的纳税申报表或代扣代缴、

代收代缴税款报告表后，经审核其名称、电话、地址、银行账号等基本资料后，若发现应由主管税务机关管理的内容有变化的，将要求纳税人提供变更依据；如变更内容属其他部门管理范围的，则将敦促纳税人到相关部门办理变更手续，并将变更依据复印件移交主管税务机关。

②主管税务机关对申报内容进行审核，主要审核税目、税率和计税依据填写是否完整、正确，税额计算是否准确，附送资料是否齐全、是否符合逻辑关系、是否进行纳税调整等。审核中如发现纳税人的申报有计算错误或有漏项，将及时通知纳税人进行调整、补充、修改或限期重新申报。纳税人应按税务机关的通知作出相应的修正。

③主管税务机关经审核确认无误后，确定企业当年度应纳所得税额及应当补缴的企业所得税款，或者对多缴的企业所得税款加以退还或抵顶下年度企业所得税。

3. 主动纠正申报错误

纳税人于年度终了后四个月内办理年度纳税申报后，如果发现申报出现错误，根据《企业所得税汇算清缴管理办法》等法律的相关规定：纳税人办理年度所得税申报后，在汇缴期内税务机关检查之前自行检查发现申报不实的，可以填报《企业所得税年度纳税申报表》向税务机关主动申报纠正错误，税务机关据此调整其全年应纳所得税额及应补、应退税额。

4. 结清税款

纳税人根据主管税务机关确定的全年应纳所得税额及应补、应退税额，年度终了后4个月内清缴税款。纳税人预缴的税款少于全年应缴税款的，在4月底以前将应补缴的税款缴入国库；预缴税款超过全年应缴税款的，办理抵顶或退税手续。

5. 办理延期缴纳税款申请

根据《中华人民共和国税收征收管理法》及其《实施细则》的相关规定，纳税人因有下列特殊困难：

①水、火、风、雷、海潮、地震等人力不可抗拒的自然灾害，或者可供纳税的现金、支票以及其他财产等遭遇偷盗、抢劫等意外事故，导致纳税人发生较大损失，正常生产经营活动受到较大影响的。纳税人应提供灾情报告或者公安机关出具的事故证明。

②因国家调整经济政策的直接影响，或者短期货款拖欠，当期货币资金在扣除应付职工工资、社会保险费后，不足以缴纳税款的。纳税人应提供有关政策调整的依据或提供货款拖欠情况证明和货款拖欠方不能按期付款的证明材料。

因上述原因不能按期缴纳税款的，纳税人应当在缴纳税款期限届满前（一般各地主管税务机关均规定应当在期限届满前 15 日内提出，具体请参见各地税务局的规定）向主管税务机关提出申请，并报送下列材料：申请延期缴纳税款报告、当期货币资金余额情况及所有银行存款账户的对账单、资产负债表、应付职工工资和社会保险费等税务机关要求提供的支出预算等，经省、自治区、直辖市国家税务总局、地方税务局，或者计划单列市国家税务局、地方税务局批准，可以延期缴纳税款，但最长不得超过三个月。

税务机关将在自收到申请延期缴纳税款报告之日起 20 日内作出批准或者不予批准的决定；若不被批准，从缴纳税款期限届满之日起纳税人将被加收滞纳金。

8.2 税收优惠

在税收优惠部分，需要重点关注目标企业过去以及现在已经享受的税收优惠政策及具体情况，识别是否存在不符合税收优惠条件、故意骗取税收优惠资格等违规违法行为，并考虑本次投资交易是否对目标企业过去以及现在已经享受的税收优惠政策造成不利影响。

8.2.1 税收优惠政策

1. 增值税即征即退

对于部分项目，企业按照规定申报缴纳税款且符合规定的，由税务机关在征收税款以后，按规定全额或部分对已征缴的数额予以退还。我国现行税制中主要采取全额退税、限额退税、超税负退税以及按比例退税四种方式，主要的即征即退项目有：

①增值税一般纳税人销售其自行开发生产的软件产品，按照增值税基本

税率征收增值税后，对其增值税实际税负超过 3% 的部分实行即征即退政策。

②一般纳税人提供管道运输服务，对其增值税实际税负超过 3% 的部分实行增值税即征即退政策。

③经人民银行、银（保）监会或者商务部批准从事融资租赁业务的一般纳税人，提供有形动产融资租赁服务和有形动产融资性售后回租服务，对其增值税实际税负超过 3% 的部分实行增值税即征即退政策。

④纳税人享受安置残疾人增值税即征即退优惠政策。

2. 增值税期末留抵税额的退还政策

为助力经济高质量发展，我国从 2019 年 4 月 1 日起全面推行留抵退税制度。2019 年 6 月 1 日起，对部分先进制造业实施更宽松优惠的增值税期末留抵退税政策。符合条件的纳税人，不分行业，允许退还的增量留抵税额＝增量留抵税额×进项构成比例×60%；部分先进制造业，允许退还的增量留抵税额＝增量留抵税额×进项构成比例。

一般性行业留抵退税，需要同时满足五个条件：一是自 2019 年 4 月税款所属期起，连续六个月（按季纳税的，连续两个季度）增量留抵税额均大于零，且第六个月增量留抵税额不低于 50 万元；二是纳税信用等级为 A 级或者 B 级；三是申请退税前 36 个月企业所得税税收优惠未发生骗取留抵退税、出口退税或虚开增值税专用发票情形的；四是申请退税前 36 个月未因偷税被税务机关处罚两次及以上的；五是自 2019 年 4 月 1 日起未享受即征即退、先征后返（退）政策。

先进制造业留抵退税，没有连续六个月增量留抵税额均大于零且第六个月不低于 50 万元的条件，只要求申请退税的当期增量留抵税额大于零，其他条件与一般性行业留抵退税相同。

企业所得税税收优惠政策为：

1. 鼓励软件、集成电路产业发展的优惠政策

国家鼓励的重点集成电路设计企业和软件企业第一年至第五年免征企业所得税，连续年度减按 10% 的税率征收企业所得税。国家鼓励的集成电路设计、装备、材料、封装、测试企业和软件企业享受"两免三减半"政策，第一、二年免征企业所得税，第三年至第五年减半征收企业所得税。

2. 关于鼓励证券投资基金发展的优惠政策

对证券投资基金从证券市场中取得的收入，包括买卖股票、债券的差价收入、股权的股息、红利收入、债券的利息收入及其他收入，暂不征收企业所得税。

3. 关于促进节能服务公司发展的税收优惠

对符合条件的节能服务公司实施合同能源管理项目，符合企业所得税法有关规定的，自项目取得第一笔生产经营收入所属纳税年度起，第一年至第三年免征企业所得税，第四至第六年按照 25% 的法定税率减半征收企业所得税。

8.2.2 税收减免

（一）部分项目免征增值税

农业生产者销售的自产农业产品；避孕药品和用具；古旧图书；直接用于科学研究、科学试验和教学的进口仪器、设备；外国政府、国际组织无偿援助的进口物资和设备；来料加工、来件装配和补偿贸易所需进口的设备；由残疾人组织直接进口供残疾人专用的物品；销售的自己使用过的物品；专项民生服务；符合规定的教育服务；特殊群体提供的应税服务；农业机耕、排灌、病虫害防治、植物保护、农牧保险以及相关技术培训业务；家禽、牲畜、水生动物的配种和疾病防治；文化和科普类服务；特殊运输相关服务；部分利息收入；金融产品转让等。

（二）企业所得税税收减免

企业所得税税收减免见下表：

表 8-5　企业所得税税收减免表

项　　目	优惠政策
从事符合条件的环保、节能节水项目的所得，国家重点扶持的公共基础设施项目投资经营所得	自项目取得第一笔生产经营收入所属年度起，第 1 年至第 3 年免征企业所得税，第 4 年至第 6 年减半征收企业所得税
购置并实际使用规定的环保、节能节水、安全生产专用设备	按投资额的 10% 抵免应纳税额

项　目	优惠政策
研究开发费用	企业开展的研发活动中实际发生的研发费用，未形成无形资产计入当期损益的金额，在按照规定据实扣除的基础上，再按照实际发生额的100%在税前加计扣除；形成无形资产的，在上述期间按照无形资产成本的200%税前摊销
国家重点扶持的高新技术企业、经认定的技术先进型服务企业、注册在海南自由贸易港并实质性运营的鼓励类产业企业	享受企业所得税15%的优惠税率
符合条件的技术转让所得	年度所得不超过500万元的部分免征企业所得税，超过500万元的部分减半征收企业所得税
农林牧渔项目所得	免税或减半征税

第9章

财务尽职调查报告

　　财务尽职调查报告是帮助投资人了解目标公司经营状况的重要资料，是评估企业价值、确定交易价格的重要依据。其既包括企业内部基本情况以及各类指标分析，又涵盖了对全行业的分析。因此，一份全面可靠、观点鲜明、重点突出的财务尽调报告对企业投资价值评估具有重要意义。

9.1 财务尽职调查报告概述

财务尽调报告旨在帮助投资人确认交易或投资过程所涉及的信息，借此发掘项目的内在价值，进而确定交易价格并设计交易方案。通常而言，一份专业的财务尽调报告应当遵循独立性原则、谨慎性原则、全面性原则以及重要性原则。

9.1.1 财务尽职调查报告的目的

财务尽职调查一般是指在投资、并购重组等资本运作活动时，投资方与目标公司达成初步意向后，也可以是目标公司在引进投资人的过程中为了呈给投资人一份企业自身情况的全面信息，委托中介服务机构对目标公司与本次活动有关的事项进行现场调查、资料分析的一系列活动，期望以此了解目标公司的运营状况、经营成果、缺陷与风险点等事项。

对目标公司的审慎调查通常是多方面的，由于实施财务尽职调查的主体机构以及该项资本活动事项的不同，财务尽职调查的目的通常是具有侧重点的，财务尽职调查期望达成的目标不尽相同。一般性的财务尽职调查活动，应能够实现以下目的：

①确认交易或投资过程中出现的信息。尽职调查首先要能够反映目标企业的真实信息，减少投资或并购方与目标公司之间信息不对称的情况。包括了解公司组织架构、产权关系及公司股东的出资情况；了解公司内部控制措施并评价内部控制有效性；分析公司的重大债务、重大诉讼、仲裁以及未决诉讼、未决仲裁情况；厘清目标公司关联方关系及关联方交易等方面。财务尽调由专业的财务人员针对目标企业与并购有关的财务状况进行审阅、分析

和核查，可以摸清目标企业真实的财务状况，防范目标企业提供虚假或夸大信息带来的风险。

②发现项目内在价值，分析企业盈利能力、现金流，预测企业未来前景。现实的财务状况可反映目标企业内在价值，同时企业价值还取决于对企业未来预期收益的判断。投资或并购项目往往要对企业未来发展潜力进行评估。尽职调查在对客观资料收集的基础上，对企业内在价值进行挖掘和评估，为决策方提供参考依据。

③为确定交易价格、设计交易方案提供依据。投资方在评估交易价格时，会同时考虑现有经营状况、未来的价值水平以及可能承担的不利事项。尽职调查为交易方确定交易价格提供可靠的决策依据。部分重大事项有必要将解决方案写入交易协议中。在部分并购交易活动中，后续如何使目标企业平稳过渡是一项重要的管理工作，要减轻股权变动对目标企业正常生产经营活动的影响。尽职调查可以为交易设计方案、后续的整合工作提供依据。

9.1.2 财务尽职调查报告的原则

财务尽职调查工作应至少遵循的基本原则包括以下内容：

1. 独立性原则

第三方机构开展尽调业务时应遵循独立性原则，避免与目标企业有利益关系导致尽职调查报告有失公允性。尽职调查人员应遵守独立、客观的工作准则开展业务活动。

2. 谨慎性原则

财务尽职调查人员在尽职调查过程中应具有职业审慎，遵循仔细细致的原则，对某些信息保持怀疑时，应进行跟进，依据重要性水平对相关事项进行调查并做出判断；同时，对完成的工作底稿及报告需要进行质控和复核。

3. 全面性原则

财务尽职调查应根据该项资本运作活动的目的，全面而有侧重点地对目标企业进行调查，在核查企业内部财务状况、经营成果并做出评价的同时，还应该了解宏观行业背景、政策变动等情况，以评价企业潜在风险点以及潜在价值。需要根据尽职调查期望达成的目的，进行全面信息收集、评价、出具报告。

4. 重要性原则

不同类型不同成长阶段的企业财务尽职调查应有所侧重，依照风险水平开展调查。尽职调查不等于事无巨细，需要考虑成本与时间，调查重点需要依据委托方要求、项目开展状况有所变通，对于重要性水平高的事项，必须经过全面细致的调查。

9.2　财务尽职调查报告的格式与标准

虽然财务尽调报告的格式并非标准化格式，但是需要在格式多样的基础上做到观点鲜明、重点突出，注重行文的专业性与术语的使用，有较高的可读性，做到文字简洁、条理清晰。

9.2.1　财务尽职调查报告的格式

财务尽职调查报告格式是非标准化的，重点详略应尽调要求，结合本次调查内容的不同重要水平合理确定最终报告的内容重点，充分反映本次尽职调查的结果与结论。财务尽职调查并非按照《中国注册会计师审计准则》标准程序进行的业务活动。尽职调查报告不拘泥于准则规定，格式多样，依据工作范围和委托方需求进行多维度分析，可通过文字和大量的图表向客户充分展示尽职调查所发现的问题。尽调报告应注重结构清晰、重点突出，行文注重专业性与正式性，便于让尽调报告使用人准确理解披露信息。

9.2.2　财务尽职调查报告的标准

财务尽职调查业务披露的材料未必经过审计或其他高度可靠性验证。财务尽调机构在承接业务时应就委托人希望达成的目的进行充分沟通，以确定财务尽职调查报告的标准。财务尽调机构及其专业人员应按照委托人的相关要求，明确尽职调查的内容和范围，选择适当的程序和方法，执行调查程序和编制工作底稿，出具尽职调查报告。

一份良好的财务尽职调查报告应有以下特点：

①观点鲜明。写作思路可遵循提出观点、阐明现象、行为分析、延伸思考的方式。

②阅读性强。文字简洁，条理清晰，避免冗长、倒装的字句，且格式美观。

③重点突出。通过对公司的现场调研，提炼出该公司的重点问题，并进行阐述。

9.3　财务尽职调查报告的主要内容

一份完整的财务尽职调查报告不仅要包括企业的运营状况与经营成果，还需要对企业的各项财务指标进行分析，剖析其内部存在的财务风险，在充分调查审核的基础上明确相关责任，对企业价值以及对投资方的建议做出相应结论。

9.3.1　目标公司情况介绍

1. 目标公司基本情况简介

对目标公司名称、注册资本、成立时间、法定代表人、统一社会信用代码、公司类型、住所、经营范围、主营业务等基本情况进行简要说明。

2. 历史沿革

依据政府有关部门批复文件、批准证书、营业执照、公司章程及公司章程修正案等工商登记备案文件，表明其设立程序、工商注册登记的合法性、真实性，梳理公司历史沿革情况。

3. 股权结构与股东出资情况

说明该公司股东股权比例；说明股东权利、股东会及董事会职权与表决程序等股东权利结构体系；说明自然人股东及其亲属在公司任职情况；说明公司历次增资、减资、股东变动情况，重点关注股本总额、股东结构和实际控制人的重大变动情况。

4. 重大重组情况

公司设立后合并、收购、上市扩股、合资、资产剥离或资产出售、公司分立等重大重组事项。

5. 公司组织结构与公司治理

了解公司组织机构设置，展现公司内部组织结构图；说明股东大会、董事会、监事会、独立董事、董事会秘书制度；说明公司战略、审计、提名、薪酬与考核等委员会的设置情况；对公司董事会、专门委员会、总部职能部门与分（子）公司职能部门等职责权限进行说明，重点关注该公司特殊之处。

6. 同业竞争与关联交易

了解公司控股股东控制的企业实际业务范围以及对避免同业竞争做出的承诺以及承诺的履行情况，有必要的情况下对同业竞争事项进行说明，确认公司的关联方及关联方关系。

9.3.2 行业情况

1. 行业概况

行业概况包括行业情况总体介绍、行业主管部门和监管体制、行业主要法律法规及政策、行业周期性特点、行业未来发展趋势变化、行业成本与市场壁垒、影响行业发展的有利或不利因素等。

2. 行业上下游情况

行业上下游情况包括与上游行业的关联性、与下游行业的关联性、上下游行业的发展状况对本行业目前发展的影响等。

3. 行业地位及竞争状况

说明目标公司在行业中的地位以及特点，包括市场地位、市场占有率及变化趋势；说明目标公司主要竞争对手以及公司竞争优劣势，包括行业内主要竞争对手情况、自身竞争的优劣势等情况。

9.3.3 业务与技术情况

1. 主营业务情况

说明公司现阶段主要从事的生产经营领域；说明主要产品的用途及其特点，分析主要产品的销售收入及其占比情况，主要产品市场状况；说明公司整体销售模式、渠道及大客户情况。

2. 专利和使用权情况

说明公司专利、非专利技术、土地使用权等主要无形资产情况，关注剩余使用期限以及可能存在的保护期情况，分析对公司的重大影响；说明许可使用具体权利内容、许可方式及年限、许可使用费用等方面，分析它们未来对公司生产经营可能造成的影响。

3. 采购与生产状况

说明公司采购模式、主要供应商情况；说明生产模式、工艺流程以及产能利用情况，具体包括生产模式总体介绍、产品标准化程度、外购情况、自行加工情况等。

9.3.4 财务报告情况

1. 会计报表

应获取近期的财务报告及审计报告，对财务报表以及相关财务资料应经过审慎评估披露可信的资产负债表、利润表、现金流量表。如有必要，可根据目标公司的特点以及尽职调查希望达成的目标对具体科目进行详细分析与说明，比如营业收入与成本的构成、固定资产构成、应收账款账龄分析等。

2. 主要适用的会计政策与会计估计

该部分应对目标公司适用的重要会计政策与会计估计情况进行说明，包括不同模式下销售收入确认的原则、不同类别的存货可变现净值的确定、不同类别存货的计价方式、固定资产折旧方式及折旧率等。如公司报告期内存在会计政策或会计估计变更，应重点核查，说明变更内容、理由及对公司财务状况、经营成果的影响情况。

9.3.5 财务指标分析

(一）盈利能力

盈利能力通常是指企业在一定时期内赚取利润的能力。盈利能力的大小是一个相对的概念，即利润是相对于一定的资源投入、一定的收入而言的。

1. 毛利率

$$毛利率 = \frac{营业收入 - 营业成本}{营业收入} \times 100\%$$

毛利表示每一元销售收入扣除销售成本后，有多少钱可以用于各项期间费用和形成盈利。不同行业的毛利率差别较大。一般来说，毛利率越高通常标明企业盈利能力越高，控制成本的能力越强。此外，将企业毛利率与同业企业对比可较为简便地识别企业是否存在舞弊的可能。

2. 净利率

$$净利率 = \frac{净利润}{营业收入} \times 100\%$$

净利率是归属于母公司股东的净利润除以营业收入的结果，表明单位的营业收入可以转换多少净赚的利润。如果净利润中存在大量非经常性损益、非主营收入，以及所得税变动，这样的净利润率质量会下降。

3. 期间费用率

$$期间费用率 = \frac{管理费用 + 销售费用 + 财务费用}{营业收入} \times 100\%$$

期间费用率反映企业期间费用的利用效率。一般来说我们希望费用率越低越好，但适度的费用开支是正常的生产经营所必需的，还可以将各个费用单独进行比例分析。

4. 净资产收益率

$$净资产收益率 = \frac{净利润}{平均净资产} \times 100\%，其中，平均净资产 = \frac{年初净资产 + 年末净资产}{2} \times 100\%$$

净资产收益率越高，说明股东投资带来的收益越高，企业所有者权益的获利能力越强。净资产收益率体现自有资本获得净收益的能力。

其他计算净资产收益率的方式包括：

$$净资产收益率 = \frac{净利润}{年末股东权益} \times 100\%$$

$$净资产收益率 = 销售净利润率 \times 资产周转率 \times 权益乘数$$

$$其中：销售净利润率 = \frac{净利润}{销售收入} \times 100\%$$

$$资产周转率 = \frac{销售收入}{总资产} \times 100\%$$

$$权益乘数 = \frac{资产总额}{股东权益总额} \times 100\% = \frac{1}{1 - 资产负债率}$$

5. 总资产收益率

$$总资产收益率 = \frac{净利润}{平均资产总额} \times 100\%$$

$$其中，平均资产总额 = \frac{期初资产总额 + 期末资产总额}{2}$$

总资产净利率反映企业利用全部资产获利的能力，体现资产运用效率和资金利用效果之间的关系。

此外，对企业收益质量进行分析，有利于挤干财务报表数字中所反映的收益中的水分，了解企业真正由于其可持续经营能力而产生的获利，更加客观评价企业管理者的管理水平。可将利润总额分拆为经营活动净收益、价值变动净收益、营业外收支净额三类，并通过各项数据与利润总额的比率指标判断收益质量。

经营活动净收益 = 营业总收入 − 营业总成本

价值变动净收益 = 公允价值变动净收益 + 投资净收益 + 汇兑净收益

营业外收支净额 = 营业外收入 − 营业外支出

经营活动净收益反映企业生产经营的获利水平。价值变动净收益的发生额取决于企业股权投资、金融资产的质量、汇率波动，存在一定不可持续性与不确定性。营业外收支净额是产生于企业日常经营活动之外的活动，可关注其是否由于各类优惠政策形成，是否可持续。

（二）偿债能力

偿债能力是指企业用其资产偿还长期债务与短期债务的能力。企业偿债能力是反映企业财务状况和经营能力的重要标志，企业有无支付现金的能力和偿还债务能力，是企业能否健康生存和发展的关键。偿债能力指标包括：

1. 流动比率

$$流动比率 = \frac{流动资产}{流动负债} \times 100\%$$

2. 速动比率

$$速动比率 = \frac{流动资产 - 存货}{流动负债} \times 100\%$$

3. 现金比率

$$现金比率 = \frac{现金 + 现金等价物}{流动负债} \times 100\%$$

这几项比率是衡量短期偿债能力的简便指标。短期偿债能力是指企业以流动资产偿还流动负债的能力，它反映企业偿付日常到期债务的能力。

1. 资产负债率

$$资产负债率 = \frac{负债总额}{资产总额} \times 100\%$$

2. 股东权益比率

$$股东权益比率 = \frac{股东权益总额}{资产总额} \times 100\%$$

3. 权益乘数

$$权益乘数 = \frac{资产总额}{股东权益总额} \times 100\%$$

4. 负债股权比率

$$负债股权比率 = \frac{负债总额}{股东权益总额} \times 100\%$$

这几项比率可衡量企业长期偿债能力。企业的长期偿债能力越强，债权人以及投资者的安全性越高。企业的经营水平与其长期偿债能力密切相关。企业适度负债可降低财务风险，发挥杠杆作用增强盈利能力。

（三）营运能力

通过财务报表数据对其资源利用效率进行简要分析，从数字角度衡量企业总体管理水平以及资产运用效果，分析其营运能力；通过对营运能力指标的分析，判断企业经营风险的大小、资本安全程度以及相应的盈利能力，辅助进行决策。

1. 应收账款周转率

$$应收账款周转率 = \frac{营业收入}{平均应收账款净额} \times 100\%$$

应收账款周转率越高，说明其账款回收速度越快，表明公司资金周转及偿债能力越健康。

2. 应付账款周转率

$$应付账款周转率 = \frac{营业成本}{平均应付账款余额} \times 100\%$$

3. 存货周转率

$$存货周转率 = \frac{营业成本}{平均存货余额} \times 100\%$$

企业存货的周转速度越快，实现的收益能力越强。

4. 固定资产周转率

$$固定资产周转率 = \frac{营业收入}{平均固定资产余额} \times 100\%$$

5. 流动资产周转率

$$流动资产周转率 = \frac{营业收入}{平均流动资产余额} \times 100\%$$

6. 总资产周转率

$$总资产周转率 = \frac{营业收入}{平均资产余额} \times 100\%$$

（四）成长能力

企业未来的成长能力，与企业的战略经营息息相关。企业成长能力是指企业未来的发展趋势与发展速度，包括企业规模的扩大、利润和所有者权益的增加。企业成长能力是随着市场环境的变化，企业资产规模、盈利能力、市场占有率持续增长的能力，反映企业未来的发展前景。从财务报表层面，我们往往依据过往的业绩变动趋势加以判断。

1. 主营业务收入增长率

$$主营业务收入增长率 = \frac{本期主营业务收入 - 上期主营业务收入}{上期主营业务收入} \times 100\%$$

2. 主营利润增长率

$$主营利润增长率 = \frac{本期主营业务利润 - 上期主营业务利润}{上期主营业务利润} \times 100\%$$

3. 净利润增长率

$$净利润增长率 = \frac{本期净利润 - 上期净利润}{上期净利润} \times 100\%$$

9.3.6 主要的财务风险

财务风险是一种微观经济活动风险，有带来损失的可能性，贯穿企业的生产经营活动全过程，受外部环境变化影响。企业的筹资、投资、经营活动会加剧企业风险的不确定性，重点的风险事项包括利率风险、汇率风险、再融资风险等。利率风险来源于市场利率的波动对企业筹资成本带来的不确定影响；汇率风险是指汇率的大幅变化对跨国外汇业务经营成果带来的不确定性影响；再融资风险指的是企业融资渠道不确定性以及可能由于多种原因导致的融资困难。在审阅相关资料并进行调查、访谈、分析业务及财务数据的基础上，财务尽职报告有必要对财务风险事项以及其潜在的影响进行说明。

此外，一些规模较小的企业，相关财务风险体现在财务合规性、对生产经营的具体影响上，在对主要财务指标相关科目测试的基础上可对以下主要问题进行说明：

①获取现金能力。

②较大偏离同行业公司平均水平的财务指标或有较大变动的各项财务指标及相关会计项目。

③应收账款余额及其变动是否合理。

④大额应收账款的真实性、收回可能性及潜在的风险。

⑤大额其他应收款的真实性、收回可能性及潜在的风险。

⑥应收账款和其他应收款账龄的合理性、账龄较长应收款项的形成原因

及公司采取的措施、是否按规定提取坏账准备。

⑦原材料、在产品、产成品比例是否合理。

⑧存货的真实性和完整性。

⑨存货账龄的合理性、账龄较长存货的形成原因及公司采取的措施、是否按规定提取存货跌价准备。

9.3.7 尽职调查结论

财务尽职调查需要形成书面报告以供信息使用者参考决策。财务尽职调查报告需经过调查机构质量控制程序审核，再报送项目组修改。财务尽职调查报告形成的结论须经项目组集体审定通过。调查机构应当依据目标企业的投资价值和投资风险分析，在调查报告中提出最终的财务尽职调查结论和相关建议，提出调查结论和相关建议时应当注意：

①财务尽职调查受时间、调查程序和提供资料所限，不能完全发现目标公司的所有情况和存在问题。尽职调查结论的用语应当是具有建议性并且是谨慎的，不应在证据不足的情况下得出肯定性结论。

②尽调机构应明确目标企业与自身承担的相关责任，在与委托公司的业务合同中，应明确双方的责任和财务尽职调查结论的建议性、参考性特征，委托方不能期望尽调机构提供绝对保证。

③尽调报告在表述调查结论时，可对本尽调项目进行总括性评价，即对企业投资价值进行整体性总结、对项目风险水平进行总体估计，再指明主要投资风险，最后可根据投资方的要求对投资方提出避险措施和并购步骤方面的分析建议等。

9.4 财务尽职调查报告实例

为了便于读者对尽职调查报告有更加清楚的了解，本书引用浙江省注册会计师协会编制财务尽职调查报告的模板，内容如下：

××公司财务尽职调查报告

××（尽职调查机构简称）财务尽调字（年度时间）第×号

声　　明

本财务尽职调查报告（以下简称本报告）仅供委托人参考使用，委托人可按实际情况将本报告抄送有关单位及个人，但我们对该单位及个人不存在合同责任及义务的承诺。本报告因使用不当产生的责任与××会计师事务所无关。

××公司的责任是提供与本次财务尽职调查事宜相关的资料，并对所提供资料的真实性、合法性和完整性负责。我们的责任是在××公司所提供资料的基础上，按照行业通行的标准和方法履行调查程序、出具财务尽职调查报告。

本报告所有内容是在有限时间和有限资料条件下，对××公司的财务环境和财务情况进行书面调查、口头访谈、分析性复核和实地观察后作出的，我们的报告内容主要来源于××公司的财务相关信息和管理层向我们的陈述，受时间、调查程序和提供资料所限，我们不保证发现××公司的所有情况和存在问题，对于管理层予以保留的部分我们不承担相关责任和义务，我们依赖所获得的信息和资料的真实性和完整性完成我们的工作。

财务尽职调查并非按照《中国注册会计师审计准则》进行的审计，因此也不应像对依照审计程序所完成的工作那样予以依赖。我们的财务尽职调查与审计不同，因此存在不确定性。

提示：可根据声明的需要增加其他内容。

财务尽职调查报告

××（尽职调查机构简称）财务尽调字（年度时间）第×号

委托人（公司名称）：

××会计师事务所（以下简称本所或我们）接受贵公司委托，对××公司（以下简称：××公司、公司或目标公司）××××年××月××日至××××年××月××日的财务情况进行尽职调查，并出具财务尽职调查报告。本次调查是基于贵公司拟对××公司进行并购重组（或投资、IPO等）之目的而实施。

××公司的责任是提供与本次财务尽职调查事宜相关的资料，并对所提供资料的真实性、合法性和完整性负责。我们的责任是在××公司所提供资料的基础上，按照行业通行的标准和方法履行调查程序、出具财务尽职调查报告。财务尽职调查并非按照《中国注册会计师审计准则》进行的审计。

9.4.1 基本情况

（一）简介

公司名称：××××

注册资本：万元（实收资本：　　万元）

成立时间：××××

法定代表人：××××

统一社会信用代码：××××

公司类型：××××

住所：××××

主营业务：××××

提示：注册登记和实际经营地不一致的应列示，主营业务根据公司实际开展情况列示，无需将营业执照范围全部列出。

（二）历史沿革

根据提供的政府主管部门批复、批准证书、营业执照、公司章程及章程修正案等工商登记备案文件，公司历史沿革情况如下：

1. 设立

公司由×××、×××共同发起设立，设立时认缴注册资本为人民币×××万元。

公司首次出资经×××会计师事务所审验，并由其于××××年××月××日出具"××××号"的验资报告。

公司××××年××月××日在××工商行政管理局/市场监督管理局办妥设立登记手续，并取得注册号/统一社会信用代码为×的营业执照/企业法人营业执照。

公司设立时的股权结构见下表：

表 9-1　公司设立时的股权结构

序号	股东名称	出资方式	出资金额（万元）	出资比例（%）
1				
2				
合计				

2. 增资

×××× 年 ×× 月 ×× 日，公司召开股东会并通过决议，将注册资本增至_____万元，其中×××出资_____万元，×××出资_____万元。

本次增资经×××会计师事务所审验，并由其于×××× 年 ×× 月 ×× 日出具"××××号"的验资报告。

公司×××× 年 ×× 月 ×× 日在××工商行政管理局/市场监督管理局办妥变更登记手续。

本次增资后，公司的股权结构见下表：

表 9-2　增资后公司的股权结构

序号	股东名称	出资方式	出资金额（万元）	出资比例（%）
1				
2				
合计				

3. 股权转让

×××× 年 ×× 月 ×× 日，公司召开股东会并通过决议，同意×××将所持公司_____万元股权以_____万元转让给×××。

公司×××× 年 ×× 月 ×× 日在××工商行政管理局/市场监督管理局办妥变更登记手续。

本次股权转让后，公司的股权结构如下：

表 9-3　股权转让后公司的股权结构

序号	股东名称	出资方式	出资金额（万元）	出资比例（%）
1				
2				
合计				

提示：历史沿革还包括减资、股份改制等变动情况，可以根据委托方需要列示，主要关注以下方面：

①注册资本是否已足额认缴，是否存在抽逃、挪用出资行为。

②账列股东、章程中的股东和工商登记的股东是否一致。

③公司注册资本的每次变化是否符合法律的规定，相应的手续是否完整（包括政府审批备案，若涉及境外股东，相关的外汇备案与外管局批准）。

④与注册资本相关的账务处理是否正确。

⑤股东是否具有相应的投资能力及是否存在委托持股情形，股东资格是否合法。

⑥股东间是否存在特殊约定，如固定回报、业绩回购条款等。

⑦历史股权转让是否均已支付对价、是否完税、是否存在潜在纠纷，公司的境外股权是否存在被直接或间接转让的情况，是否依法申报纳税。

⑧是否存在通过增资或转让股份等形式实现高管或核心技术人员、员工、主要业务伙伴持股的情况，是否需按股份支付进行处理等。

（三）组织架构

目标公司目前的组织架构情况。

提示：可以说明部门设置、职能分工情况。

（四）对外投资架构

提示：对外投资情况可通过画图或列表方式列示单位名称、投资时间、投资金额、持股比例、主营业务、简单财务状况及经营情况，展示集团的业务分布、资产分布、资金来源、同业竞争等情况。

（五）其他

提示：可以根据需要选择列示，如：

①实际控制人情况。

②董监高情况。

③核心技术人员情况。

9.4.2 业务情况

（一）主营业务涉及的资质或特许经营情况

1. 主营业务情况

2. 资质或特许经营情况

（二）主要产品（或服务）及用途、特点

1. 主要产品的销售收入占比情况

2. 主要产品用途、特点

3. 主要产品所面向的市场

（三）销售模式、渠道及主要客户

1. 销售模式与渠道

（1）总体介绍

（2）直销与经销情况

（3）地区分布及内外销情况

（4）定价政策

（5）信用政策及结算方式

（6）售后政策

（7）品牌及贴牌情况

2. 主要客户

（1）各销售模式下的客户结构

（2）主要客户统计

（四）生产模式、工艺流程及产能利用情况

1. 生产模式

（1）总体介绍

（2）产品标准化程度

（3）外购与外协情况

（4）自行加工与委托加工情况

2. 工艺流程图

3. 产能及利用率

（五）采购模式及主要供应商

1. 生产模式

2. 主要供应商

（1）各采购模式下供应商结构

（2）主要供应商统计

（六）技术与研发

1. 主要生产技术

2. 产品核心技术

3. 正在从事的研发项目

4. 研发费用的构成及其占营业收入的比例

5. 技术创新机制

9.4.3 行业情况

（一）行业概况

1. 行业总体介绍

2. 行业政策

（1）行业主管部门和监管体制

（2）行业主要法律法规及政策

3. 行业周期

4. 行业发展趋势

（1）行业发展现状

（2）行业未来发展趋势

5. 行业壁垒

（1）技术壁垒

（2）资金壁垒

（3）人才壁垒

6. 影响行业发展的因素

（1）有利因素

（2）不利因素

7. 行业特点

（1）行业技术特点、技术水平

（2）行业特有的经营模式

（3）行业的周期性、区域性和季节性特征

（二）行业上下游情况

1. 与上游行业的关联性

2. 与下游行业的关联性

3. 上下游行业的发展状况对本行业及其发展前景的影响

（三）目标公司在行业中的地位及特点

1. 市场地位

2. 市场占有率及变化趋势

（四）目标公司主要竞争对手及公司竞争优劣势

1. 行业竞争格局

2. 主要竞争对手

3. 竞争优势

4. 竞争劣势

9.4.4 财务情况

提示：

①根据所确定的调查期间进行列示，一般为两期或三期。

②数据分析均可通过图表等形象以生动的方式列示。

③报表项目列示方式，可以根据目标公司的行业特性、委托方的关注重点及阅读习惯等进行调整。

④可以统一说明货币单位为"元"或"万元"。

（一）会计报表情况

1. 资产负债表

表 9-4 资产负债表

项　　目	××年××月××日	××年××月××日	××年××月××日
流动资产			
货币资金			
……			
流动资产合计			
非流动资产			
长期股权投资			
……			
非流动资产合计			
资产总计			
流动负债			
短期借款			
……			
流动负债合计			
非流动负债			
长期借款			
……			
非流动负债合计			
负债合计			
所有者权益			
实收资本（股本）			
……			
所有者权益合计			
负债和所有者权益总计			

2. 利润表

表 9-5　利润表

项　目	××××年度	××××年度	××××年度
一、营业总收入			
二、营业总成本			
其中：……			
加：……			
三、营业利润（亏损以"—"号填列）			
加：营业外收入			
减：营业外支出			
四、利润总额（亏损总额以"—"号填列）			
减：所得税费用			
五、净利润（净亏损以"—"号填列）			
六、其他综合收益的税后净额			
七、综合收益总额			

3. 现金流量表

表 9-6　现金流量表

项　目	××××年度	××××年度	××××年度
一、经营活动产生的现金流量			
销售商品、提供劳务收到的现金			
……			
经营活动现金流入小计			
购买商品、接受劳务支付的现金			
……			
经营活动现金流出小计			
经营活动产生的现金流量净额			
二、投资活动产生的现金流量			
收回投资收到的现金			

项　目	××××年度	××××年度	××××年度
……			
投资活动现金流入小计			
购建固定资产、无形资产和其他长期资产支付的现金			
……			
投资活动现金流出小计			
投资活动产生的现金流量净额			
三、筹资活动产生的现金流量			
吸收投资收到的现金			
……			
筹资活动现金流入小计			
偿还债务支付的现金			
……			
筹资活动现金流出小计			
筹资活动产生的现金流量净额			
四、汇率变动对现金及现金等价物的影响			
五、现金及现金等价物净增加额			
加：期初现金及现金等价物余额			
六、期末现金及现金等价物余额			

(二) 主要财务指标分析

提示：需要结合目标公司所属行业、发展阶段、实际开展业务和委托方交易目的等综合判断，合理选择适用性的分析指标。

1. 盈利能力分析

表 9-7　盈利能力分析

财务指标	××××年度	××××年度	××××年度
毛利率（%）			

财务指标	××××年度	××××年度	××××年度
销售净利率（%）			
净资产收益率（%）			
每股收益（元/股）			

提示：可以结合各盈利能力指标的变化趋势，进一步分析各年度盈利能力及其变动情况，分析利润结构和利润来源，判断盈利能力的持续性等。

2. 偿债能力分析

表 9-8　偿债能力分析

财务指标	××××年度	××××年度	××××年度
资产负债率（%）			
流动比率			
速动比率			
利息保障倍数			

提示：可以结合公司的现金流量状况、资信状况、可用融资渠道及授信额度、表内负债、表外融资及或有负债等情况，分析各年度偿债能力及其变动情况，判断偿债能力和偿债风险。

3. 运营能力分析

表 9-9　运营能力分析

财务指标	××××年度	××××年度	××××年度
资产周转率（次）			
存货周转率（次）			
应收账款周转率（次）			

提示：可以结合市场发展、行业竞争状况、生产模式及物流管理、销售模式及赊销政策等情况，分析各年度营运能力及其变动情况，判断经营风险和持续经营能力。

4. 与同行业上市公司比较

表 9-10　与同行业上市公司比较分析

财务指标	可比上市公司	××××年度	××××年度	××××年度
资产负债率（%）	……			
	……			
	平均数			
	目标公司			
……	……			
	……			
	平均数			
	目标公司			

提示：通过上述比率分析，与同行业可比公司的财务指标比较，综合分析公司的财务风险和经营风险，判断公司财务状况是否良好，是否存在持续经营问题。

（三）主要会计政策

提示：可以选取重要的会计政策进行披露（如与经营业绩、资产质量、核心资产负债等关联度高），并与同行业上市公司进行比较。

1. 收入确认

（1）收入确认的一般原则

（2）不同销售模式收入确认的具体原则

提示：可以与同行业可比上市公司收入确认原则进行比较。

2. 存货及成本

（1）存货的分类

（2）发出存货的计价方法

（3）不同类别存货可变现净值的确定依据

（4）存货的盘存制度

（5）低值易耗品和包装物的摊销方法等

3. 应收款项坏账准备

（1）单项金额重大并单独计提坏账准备的应收款项

（2）按信用风险特征组合计提坏账准备的应收款项，按信用风险特征组合计提坏账准备的计提方法（账龄分析法、余额百分比法、其他方法）组合中，采用账龄分析法计提坏账准备的

表 9-11　账龄分析

账　　龄	应收账款计提比例（％）	其他应收款计提比例（％）
1 年以内（含 1 年）		
其中：……		
1～2 年		
2～3 年		
3 年以上		
3～4 年		
4～5 年		
5 年以上		
……		

（3）单项金额不重大但单独计提坏账准备的应收款项。

提示：可以与同行业可比上市公司应收款项坏账准备计提政策进行比较。

4. 长期资产减值

5. 固定资产折旧方法

表 9-12　固定资产折旧分析

类　　别	折旧方法	折旧年限（年）	残值率（％）	年折旧率（％）
房屋及建筑物				
机器设备				
运输设备				
电子及其他设备				
……				

提示：可以与同行业可比上市公司固定资产折旧方法进行比较。

（四）销售方面

1. 主要客户

各年前十大客户统计：

××××年度：

表 9-13　销售分析

客户名称	销售内容	销售数量	销售额	占比（%）
合计				

××××年度：

××××年度：

提示：可以根据需要列示前五大、前十大或前二十大客户；还可以按不同销售模式下主要客户情况进行列示，分析销售集中度。

2. 信用政策收款情况

（1）应收账款账龄结构：

表 9-14　应收账款账龄分析

账　　龄	××年××月××日	××年××月××日	××年××月××日
1年以内（含1年）			
其中……			
1～2年			
2～3年			
3年以上			
3～4年			
4～5年			
5年以上			
……			

提示：可以根据信用政策、结算周期判断应收账款账龄总体合理性，对

回款情况进行分析，比较应收账款与主营业务收入的增幅，判断对经营风险和对持续经营能力的影响。

（2）坏账准备：

表 9-15　坏账分析

坏账准备	××年××月××日	××年××月××日	××年××月××日
1 年以内（含 1 年）			
其中：……			
1～2 年			
2～3 年			
3 年以上			
3～4 年			
4～5 年			
5 年以上			
……			

提示：判断坏账准备计提是否充分、是否存在操纵经营业绩的情形。

（3）各年应收账款余额前十名：

××年××月××日：

表 9-16　应收账款余额分析

客户名称	余　　额	账　　龄	占比（％）
合计			

××年××月××日：

××年××月××日：

提示：可以根据获取的合同、订单，比较主要客户的结算周期与账面应收账款账龄是否存在异常。

（4）各年预收账款余额前十名：

××年××月××日：

表 9-17　预收账款余额分析

客户名称	余　额	账　龄	占比（%）
合　计			

××年××月××日：

××年××月××日：

3. 产品退货和销售返利

提示：关注产品退货、销售返利、折扣等情况，并关注账面入账情况。

4. 收入分析

（1）按类别收入成本统计：

××××年度：

表 9-18　收入分析

类　　别	营业收入	营业成本	收入占比（%）	毛利率（%）

××××年度：

××××年度：

提示：可按产品、销售模式、客户类型、销售区域、内外销等类别进行统计。

（2）各年收入变动分析

提示：对上述不同类别收入变动情况进行分析。

5. 毛利率分析

（1）毛利率变动分析

提示：对上述不同类别分类的毛利率变动情况进行相应分析。

（2）与同行业上市公司毛利率变化比较分析

6. 销售单价分析

表 9-19　销售单价分析

产品系列	×××年度	×××年度	×××年度
合计			

提示：分析主要产品价格变动的基本规律及对目标公司收入变动的影响。

7. 其他

提示：可关注是否存在特殊销售模式如经销商、电子商务、寄售等，是否存在特殊收入确认方法如完工百分比法，是否存在第三方回款等。

（五）采购与生产、存货方面

1. 主要供应商

各年前十大供应商统计：

表 9-20　××年前十大供应商统计表

供应商名称	采购内容	采购数量	采购额	占比（％）
合计				

提示：可以根据需要列示前五大、前十大或前二十大供应商；可以关注供应商的构成和集中度、稳定性、变动趋势等。

2. 付款情况

（1）应付账款余额及周转率

表 9-21　应收账款余额及周转率分析

账　龄	××年××月××日	××年××月××日	××年××月××日
期初应付账款			
期末应付账款			
本期购货金额			
应付账款周转率			
平均周转天数（天）			
期末存货余额			
期末应付账款占存货比重			
……			

提示：可结合付款政策、结算周期等，分析应收账款总体情况，以及变动趋势和变动原因。

（2）各年应付账款余额前十名：

××年××月××日：

表 9-22　应付账款余额分析

供应商名称	余　额	账　龄	占比（％）
合　计			

××年××月××日：

××年××月××日：

提示：可以关注实际付款和合同或订单条款是否一致，付款政策与合同信用期是否一致。

（3）各年预付款项余额前十名：

××年××月××日：

表 9-23　预付账款余额分析

供应商名称	余　　额	账　　龄	占比（%）
合计			

××年××月××日：

××年××月××日：

提示：可以关注预付款项的商业逻辑，预付的内容、金额以及付款进度是否正常。

3. 存货总体情况

表 9-24　存货分析

科目	××年××月××日	××年××月××日	××年××月××日
原材料			
库存商品			
在产品			
……			
合计			
存货跌价准备			
营业成本			
存货周转率			
存货周转天数			

提示：可关注仓库构成、管理模式及存货盘点情况，分析存货状况及库龄，判断存货跌价准备计提方法是否合理、计提金额是否充分。

4. 生产成本分析

(1) 各年料工费分析

表 9-25　料工费分析

项　　目	××××年度		××××年度		××××年度	
	金　　额	占比（%）	金　　额	占比（%）	金　　额	占比（%）
直接材料						
直接人工						
制造费用						
合　　计						

提示：可以关注成本核算方法与生产流程是否匹配，成本计算表中各类成本费用归集分配是否合理，成本核算流程是否合理，分析料工费各年变动情况及原因等。

(2) 各年单位成本分析

表 9-26　单位成本分析

产品系列	××××年度	××××年度	××××年度
合　　计			

(3) 各年采购单价分析

表 9-27　采购单价分析

主要原材料	××××年度	××××年度	××××年度
合　　计			

5. 其他

提示：可关注是否存在特殊行业的成本核算，如工程施工行业。

(六) 期间费用

1. 销售费用

表 9-28　销售费用分析

项　　目	××××年度	××××年度	××××年度
合　　计			

提示：可以从以下方面进行分析——

①结合行业销售特点、销售方式、销售操作流程等事项，分析目标公司销售费用的完整性、合理性。

①分析销售费用明细与业务收入的占比及变动趋势，分析业务发展与商业模式的合理性。

③是否具备真实合理的合同基础及支付依据，注意关注销售费用中的现金交易，以及向代理商或居间商支付佣金的入账情况。

2. 管理费用

表 9-29　管理费用分析

项　　目	××××年度	××××年度	××××年度
合　　计			

提示：可以从以下方面进行分析——

①管理费用各项明细变动情况。

②是否具备真实合理的合同基础及支付依据，注意重点关注费用中与质量、安全、环保相关的支出，是否存在相关领域重大违法违规行为的潜在风险。

3. 研发费用

表 9-30　研发费用分析

项　　目	××××年度	××××年度	××××年度
合　　计			

提示：可以从以下方面进行分析——

①研发机构、研发人员、研发项目情况。

②研发人员的归类、核算是否正确。

③分析研发费用结构，以及研发费用与研发项目关联度，判断费用的合理性和真实性。

④研发费用的会计核算方法如资本化、项目分配情况。

4. 财务费用

表 9-31　财务费用分析

项　　目	××××年度	××××年度	××××年度
利息费用			
减：利息收入			
汇兑损益			
其　　他			
合　　计			

提示：可以从以下方面进行分析——

①各明细变动趋势是否与资产负债表相关项目的规模及变动趋势一致。

②如存在较大银行借款或付息债务，结合利息支出测算，分析大额利息资本化的合理性。

5. 其他

提示：可以关注异常出现或消失的费用类别、关联方费用、劳务外包、劳务派遣、社保及公积金缴纳情况等。

（七）资产情况

（1）货币资金

表 9-32　货币资金分析

项目	××年××月××日	××年××月××日	××年××月××日
库存现金			
银行存款			
其他货币资金			
合　　计			

（2）银行账户情况：

表 9-33　银行账户情况分析

银行账户	开户银行	账户性质	开户时间	××年××月××日余额	对账单差异
合　　计					

提示：

①可列示第三方支付平台情况。

②关注现金交易的规模、真实性，关注现金交易内控情况。

③关注使用个人银行账户的原因及必要性，是否存在规避税务监管情形和法律风险。

2. 应收票据

表 9-34　应收票据分析

项目	××年××月××日	××年××月××日	××年××月××日
银行承兑汇票			
商业承兑汇票			
合　　计			

提示：可关注商业承兑汇票是否计提坏账准备、是否存在购买票据情况，以及票据背书、贴现情况。

3. 其他应收款

其他应收款各年前五名情况。

表 9-35　其他应收款分析

名　　称	性　　质	关联关系	××年××月××日余额	账　　龄	占比（%）
合　计					

提示：可以关注以下方面——

①是否存在关联方资金占用，其必要性、公允性（计提利息情况）。

②分析款项是否真实、存在（是否无票费用、涉诉款项、投资性款项挂账等）。

③是否通过体外资金循环、代垫成本费用粉饰业绩。

4. 固定资产

（1）固定资产总体情况

表 9-36　固定资产分析

类　　别	××年××月××日		××年××月××日		××年××月××日	
	原　值	累计折旧	原　值	累计折旧	原　值	累计折旧
房屋及建筑物						
机器设备						
运输设备						
电子及其他设备						
……						
合　计						

（2）房屋及建筑物情况

表 9-37　房屋及建筑物情况分析

序　号	名　　　称	账面原值	产权证号	用　　途	启用日期	建筑面积	单位造价
	合　计						

（3）主要设备情况

表 9-38　主要设备情况分析

序　号	名　　　称	规格型号	启用日期	账面原值	累计折旧
	合　计				

提示：可以关注以下方面——

①固定资产折旧政策的稳健性、折旧计提和减值准备计提是否充分，账面价值是否公允。

②设备的闲置情况、设备产能利用率以及设备规模是否与生产经营活动相匹配。

5. 在建工程

表 9-39　在建工程总体情况分析

项　　目	××年××月××日	××年××月××日	××年××月××日
合　计			

提示：可以关注以下方面——

①在建工程是否具有商业实质，账面价值是否公允，是否存在利用资产隐藏成本费用的嫌疑。

②在建工程结转固定资产时点情况。

③是否存在已长期停工的在建工程，停建工程利息资本化和减值计提情况。

6. 无形资产

（1）无形资产总体情况

表 9-40 无形资产分析

类　　别	××年××月××日		××年××月××日		××年××月××日	
	原　　值	累计摊销	原　　值	累计摊销	原　　值	累计摊销
土地使用权						
软件						
……						
合　　计						

（2）土地使用权情况：

表 9-41 土地使用权分析

序　　号	名　　称	账面原值	产权证号	用　　途	起止日	面　　积	单　　价
合　　计							

提示：关注是否存在股东投入时权属存在瑕疵，以及出资额虚高、资产是否可用、闲置等。

7. 其他

提示：可根据目标公司情况，选择列示资产类其他报表项目。

(八) 负债情况

1. 借款

（1）借款总体情况

表 9-42　借款情况分析

项　目	××年××月××日	××年××月××日	××年××月××日
短期借款			
长期借款			
合　　计			

（2）主要借款明细情况

表 9-43　主要借款明细

借款方名称	借款金额	起始日期	到期日期	担保情况	备　　注
合　　计					

提示：关注是否存在转贷行为，金额及影响，借款是否计息，担保物权属主体等情况，适当补充列示。

2. 应付票据

表 9-44　应付票据

项　目	××年××月××日	××年××月××日	××年××月××日
银行承兑汇票			
商业承兑汇票			
合　　计			

提示：可关注是否存在票据融资，金额及影响。

3. 其他应付款

其他应付款各年前五名情况。

表 9-45　其他应付款

名　　称	性　　质	关联关系	××年××月××日余额	账　　龄	占比（%）
合　　计					

提示：关注是否存在拆入资金的情况，拆入的合理用途，是否存在对关联方的资金依赖、自身流动性风险、对独立经营能力的影响。

4. 其他

提示：可根据目标公司情况，选择列示负债类其他报表项目。

（九）承诺及或有事项

1. 资产受限情况

表 9-46　资产受限情况

对应银行	资产类别	抵押/受限金额	说　　明
合　　计			

2. 对外担保

表 9-47　对外担保情况

被担保方名称	对应银行	担保金额	担保起始日	担保到期日	是否已经履行完毕
合　　计					

3. 诉讼、仲裁事项

4. 其他承诺及或有事项

提示：承诺及或有事项需根据委托方交易行为，判断事项的重要程度、规模后选择列示。

（十）其他

提示：可以根据目标公司的特征情况和委托方需要列示。

9.4.5 关联方及关联交易

（一）关联方及关联关系

表 9-48　关联方及关联关系分析

序号	关联方名称	与目标公司关系

（二）关联交易

1. 采购情况

表 9-49　采购情况分析

关联方名称	采购内容	定价政策	××××年度		××××年度		××××年度	
			采购额	占比	采购额	占比	采购额	占比

2. 销售情况

表 9-50　销售情况分析

关联方名称	销售内容	定价政策	×××年度		××××年度		××××年度	
			销售额	占　比	销售额	占　比	销售额	占　比

3. 租赁情况

表 9-51　租赁情况分析

对方名称	资产类别	××××年度 租赁费/收入	××××年度 租赁费/收入	××××年度 租赁费/收入

4. 担保情况

表 9-52　担保情况分析

担保方名称	被担保方名称	担保金额	担保起始日	担保到期日	是否已经履行完毕
合　计					

5. 资金拆借

表 9-53　资金拆借情况分析

拆出方	拆入方	拆借金额	拆借起始日	拆借到期日	说明
合计					

6. 其他关联交易

（三）关联方应收应付款项

表 9-54　关联方应收应付款项

项目名称	关联方	××年××月××日	××年××月××日	××年××月××日
应收账款				
预收款项				
应付账款				
预付款项				
其他应收款				
其他应付款				
应收票据				
应付票据				

（四）关联交易分析

提示：可以分析关联交易的必要性、交易定价的公允性、交易的合规性、同业竞争情况等。

9.4.6 财务报表相关的内部控制

(一) 销售相关的内部控制

1. 销售业务流程
2. 销售相关管理制度
3. 销售关键内部控制要点
(1) 职责分工与授权批准。
(2) 销售与发货控制（如销售谈判、合同协议审批、合同协议订立、组织销售、组织发货等环节的控制）。
(3) 收款控制。
(4) 销售退回控制等。

(二) 采购与存货相关的内部控制

1. 采购业务流程
2. 采购相关管理制度
3. 采购关键内部控制要点
(1) 购买与审批的职责分工、授权审批。
(2) 请购控制。
(3) 询价控制。
(4) 采购控制。
(5) 验收控制。
(6) 付款控制。
(7) 退货和折让控制等。
4. 存货关键内部控制要点
(1) 岗位的分工与授权批准。
(2) 验收与保管控制。
(3) 领用与发出控制。
(4) 盘点与处置控制等。

(三) 成本费用相关内部控制

成本费用关键内部控制要点如下：

（1）岗位分工及授权批准。

（2）成本费用预测、决策与预算控制。

（3）成本费用执行控制。

（4）成本费用核算控制。

（5）成本费用分析与考核。

（四）资金相关的内部控制

资金关键内部控制要点如下：

（1）职责分工与授权批准。

（2）现金和银行存款的控制。

（3）票据及有关印章的管理。

（4）监督检查制度。

（5）资金管理。

提示：可以关注现金交易、使用员工个人卡收款、通过关联方或第三方代收货款、资金拆借等。

（五）其他

提示：可根据委托方需要列示如控制环境、信息系统、内部审计监督、外部报告及外部监管情况以及关联方交易内控情况等。

9.4.7 税收政策及风险

（一）涉税情况

1. 主要税种及税率

表 9-55 主要税种及税率

税　种	计税依据	税　率	备　注
企业所得税			
增值税			
城市维护建设税			

税　　种	计税依据	税　　率	备　　注
教育费附加			
地方教育费附加			
……			

2. 各期缴纳税款情况

3. 各期末应交税费余额

（二）税收优惠政策

提示：考虑以下方面列示——

①高新技术企业、软件企业、福利企业等认定情况、政策内容及优惠期间。

②税收优惠对调查期间的影响，可持续性以及对公司未来经营业绩的影响。

（三）调查期间内纳税奖罚情况

（四）税收风险

提示：考虑以下方面分析列示——

①是否通过账外核算、推迟确认收入、少确认收入、加速计提折旧、关联交易转移收入等方式隐瞒利润，或不按时申报税金等方式延迟纳税。

②为粉饰业绩，是否通过虚构客户、虚增销售、提前确认收入等方式虚增利润，导致多缴税款。

③股份改制涉及公司控股架构和业务运营模式、股权或者资产的剥离、转移等，涉及大量税务问题。如若用资本公积或者留存收益折股，需关注自然人股东缴纳个人所得税的风险以及是否符合申请缓缴的条件等。

④非货币性资产出资、不公允增资、股份支付相关的持股平台及股份代持等，所带来的税务风险。

⑤拟进行的并购重组方案可能带来的税务风险。

9.4.8　估值过程及分析

（一）估值的假设和前提

（二）估值的方法和途径

（三）估值的计算过程

（四）估值结论和分析等

9.4.9　提醒关注

提示：可以列示发现的目标公司财务核算和规范方面存在的问题及与交易行为相关的重大风险情况。

××会计师事务所

××××年××月××日

第*10*章
财务尽职调查实务案例

本章选取了两家企业，对其财务尽调实务展开分析。案例结构清晰，内容翔实，可为读者编写财务尽调报告提供重要参考。

10.1 W 企业股份有限公司实务案例

本节选取 W 企业的财务尽调作为案例分析，W 企业作为房地产行业的龙头企业，其实务案例的分析具有重要意义。首先对 W 企业的基本概况以及内部组织架构等进行简要介绍；其次便是整个财务尽调的流程分析，主要包含对财务报表以及盈利能力、偿债能力、营运能力的指标分析；最后结合企业经营成果、基本现状以及行业前景对 W 企业现存财务风险简要分析，并提出相关建议。

10.1.1 案例简介

充分了解目标企业的基本状况是做好财务尽职调查的重要基础。因此，以下内容便是对 W 企业基本概况与组织治理架构的简要介绍。

1. 企业概况

企业基本情况见下表：

表 10-1 W 企业股份有限公司基本情况

公司名称	W 企业股份有限公司		
注册号		注册资本	1,130,214 万元
实收资本	1,130,214 万元	法定代表人	
员工人数	16 000	注册日期	1984 年 5 月 30 日
公司类型	股份有限公司	公司性质	

公司名称	W 企业股份有限公司
主营业务	兴办实业；国内商业、物资供销业；进出口业务；房地产开发
公司简介	W 企业股份有限公司成立于 1984 年，1988 年进入房地产行业，目前业务覆盖珠三角、长三角、环渤海三大城市经济圈以及中西部地区，共计 53 个大中型城市。近三年来，年均住宅销售规模在 6 万套以上，2012 年销售额超过 1 400 亿元。销售规模持续居全球同行业首位。

2. W 企业股份有限公司组织架构

W 企业分为三层管理架构。第一层是集团总部，在集团总部里分有产品线、运营线、管理线及内控线；第二层为区域中心，即为第一层四条线下设立的三个区域中心：长三角区域管理中心、珠三角区域管理中心、环渤海区域管理中心；第三层为地区中心，主要是长三角区域管理中心下的南京、上海及南昌，珠三角区域管理中心下的中山、深圳、佛山及东莞，环渤海区域管理中心下的鞍山、沈阳、大连、长春，以及单独的北京、成都、武汉及天津。

W 企业股份有限公司的管控模式相对比较简单，除了在各个方面对一线公司做出支持，如战略、品牌、融资等方面以外，集团总部主要从以下三个方面对公司进行控制：

1. 投资控制

只有集团总部才有投资权限，总部下设的区域本部、一线公司都没有投资权限。倘若一线公司需要购买一个投资项目，则需要提交申请到总部，总部同意后，一线公司才能购买该投资项目。

2. 财务管控

集团总部的运营线中设立有财务管理部及资金管理中心，一线公司的项目发展部及财务管理部主要与总部的财务部对接。每一个一线公司的现金流管理以及财务运营管理都受总部财务部的直接管理。

3. 人事控制

W 企业股份有限公司对人事管控较为严格。一线公司的员工从总经理到普通员工大致分为五个级别，但是其中的前三级都是由集团总部管理线直接任命的，并不是由一线城市自主聘用。

10.1.2 财务尽职调查流程分析

财务尽调流程主要包括对财务报表，即资产负债表、利润表和现金流量表的分析，在此基础上计算出各项财务指标，用以分析企业的盈利能力、偿债能力以及营运能力，并且分析风险并提出观点。

1. W企业股份有限公司近年财务报表

W企业财务报表情况见下表：

表 10-2 W企业股份有限公司资产负债表

单位：万元

报表日期	2021—09—30	2020—12—31	2019—12—31	2018—12—31
流动资产				
货币资金	14,710,704.15	19,523,072.34	16,619,459.57	18,841,744.68
交易性金融资产	4,379.49	17,047.97	1,173,526.54	1,190,080.63
衍生金融资产	136.84	1,476.10	33,225.75	1,078.29
应收票据及应收账款	482,793.46	300,208.57	201,704.58	158,873.92
应收票据	1,877.09	966.24	2,897.00	255.84
应收账款	480,916.36	299,242.33	198,807.57	158,618.08
预付款项	7,560,795.80	6,224,750.38	9,779,583.14	7,595,089.51
其他应收款（合计）	25,752,981.50	24,949,854.55	23,546,500.74	24,432,414.29
存货	11,292,338.74	100,206,300.82	89,701,903.56	75,030,262.74
划分为持有待售的资产	109,912.26	633,472.76	425,275.49	662,463.14
其他流动资产	2,563,612.73	2,266,267.66	2,073,262.28	1,458,765.74
流动资产合计	163,457,554.58	154,738,706.12	143,898,935.46	129,507,185.63
非流动资产				
长期股权投资	14,840,289.18	14,189,519.03	13,047,576.83	12,952,765.58
投资性房地产	8,503,277.66	7,995,413.90	7,356,467.81	5,405,578.48
在建工程（合计）	383,474.69	323,685.03	417,983.95	191,300.75

报表日期	2021-09-30	2020-12-31	2019-12-31	2018-12-31
固定资产及清理（合计）	1,224,456.16	1,257,734.27	1,239,983.83	1,153,379.87
固定资产净额	……	1,257,734.27	1,239,983.83	1,1533,79.87
使用权资产	2,452,172.67	2,521,011.92	2,213,535.96	
无形资产	770,381.47	608,778.13	526,964.72	495,258.50
商誉	142,392.03	206,34.29	22,092.08	217,10.92
长期待摊费用	921,050.40	894,776.06	723,520.24	504,430.86
递延所得税资产	3,068,014.43	2,753,543.05	2,342,758.61	1,574,920.47
其他非流动资产	713,568.76	1,384,007.93	910,731.96	782,513.11
非流动资产合计	33,282,746.73	32,179,003.28	29,094,009.58	23,350,750.02
资产总计	196,740,301.31	186,917,709.40	172,992,945.04	152,857,935.65
流动负债				
短期借款	1,883,393.74	2,511,153.68	1,536,523.18	1,010,191.74
应付票据及应付账款	31,204,333.80	29,629,161.52	26,822,214.52	22,959,738.21
预收款项	118,514.63	91,223.08	77,078.15	25,396.51
应付职工薪酬	387,050.09	785,094.06	689,626.14	577,085.18
应交税费	2,274,686.40	2,903,652.30	2,510,973.11	1,873,086.08
其他应付款(合计)	19,651,399.84	21,243,931.58	25,069,846.07	22,743,121.53
应付利息	15,583.20	……	……	146,366.99
应付股利	61,556.79	31,903.77	37,934.78	45,315.31
其他应付款	……	21,243,931.58	……	22,551,439.23
一年内到期的非流动负债	6,299,742.85	6,046,186.40	8,064,621.80	6,909,241.30
其他流动负债	6,120,567.88	5,398,626.05	4,785,422.71	5,559,268.98
流动负债合计	137,766,522.25	131,749,268.89	127,261,028.40	112,191,393.68
非流动负债				
长期借款	13,494,890.63	13,203,678.31	11,431,977.85	12,092,905.54
应付债券	5,347,448.64	4,357,622.32	4,964,551.29	4,709,514.58

报表日期	2021-09-30	2020-12-31	2019-12-31	2018-12-31
预计非流动负债	22,543.49	2,458,994.57	14,962.93	14,352.78
递延所得税负债	52,202.04	23,147.09	28,232.84	53,891.24
其他非流动负债	116,977.97	119,017.74	106,543.61	233,804.82
非流动负债合计	21,480,734.61	20,183,993.18	18,674,005.10	17,104,468.97
负债合计	159,247,256.85	151,933,262.07	145,935,033.50	129,295,862.65
所有者权益				
实收资本（股本）	1,162,538.34	1,161,773.22	1,130,214.30	1,103,915.20
资本公积	1,852,144.12	1,866,449.70	1,238,448.45	800,562.77
其他综合收益	−57,368.29	−154,437.30	−180,642.66	−239,874.49
盈余公积	9,746,632.45	9,746,632.45	7,082,625.41	4,739,324.60
未分配利润	10,058,340.31	9,841,677.20	9,535,203.69	9,172,485.07
归属于母公司股东权益合计	22,762,286.92	22,451,095.27	18,805,849.19	15,576,413.15
少数股东权益	14,730,757.53	12,533,352.06	8,252,062.35	7,985,659.85
所有者权益（或股东权益）合计	37,493,044.45	34,984,447.33	27,057,911.54	23,562,073.00
负债和所有者权益（或股东权益）总计	196,740,301.31	186,917,709.40	172,992,945.04	152,857,935.65

表 10-3 W 企业股份有限公司利润表

单位：万元

报表日期	2021-09-30	2020-12-31	2019-12-31	2018-12-31
一、营业总收入	27,148,577.49	41,911,167.77	36,789,387.75	29,767,933.11
营业收入	27,148,577.49	41,911,167.77	36,789,387.75	29,767,933.11
二、营业总成本	24,219,099.29	35,051,334.06	29,432,107.66	23,705,187.85
营业成本	21,149,208.56	29,654,068.80	23,455,033.28	18,610,422.42
税金及附加	1,248,481.83	2,723,690.99	3,290,522.39	2,317,606.22
销售费用	728,256.06	1,063,689.97	904,449.68	786,807.56
管理费用	722,967.78	1,028,805.28	1,101,840.53	1,034,080.52

报表日期	2021-09-30	2020-12-31	2019-12-31	2018-12-31
财务费用	333,138.59	514,510.27	573,594.17	599,857.47
研发费用	37,046.47	66,568.75	106,667.60	94,606.44
资产减值损失	……	……	……	235,425.48
公允价值变动收益	−620.85	533.35	−6,851.89	8,663.46
投资收益	388,694.13	1,351,187.00	498,412.68	678,793.45
其中:对联营企业和合营企业的投资收益	319,612.28	973,965.62	379,059.82	627,991.04
汇兑收益	……	……	……	……
三、营业利润	3,293,547.45	799,586,4.21	766,131,3.60	674,986,1.25
加:营业外收入	75,013.40	99,949.73	71,473.21	47,449.72
减:营业外支出	58430.50	128238.65	78857.87	51290.83
其中:非流动资产处置损失	……	……	……	……
四、利润总额	3,310,130.36	7,967,575.29	7,653,928.95	6,746,020.14
减:所得税费用	849,695.41	2,037,763.65	2,140,767.49	1,818,790.69
五、净利润	2,460,434.95	5,929,811.64	5,513,161.46	4,927,229.45
归属于母公司所有者的净利润	1,668,879.63	4,151,554.49	3,887,208.69	3,377,265.17
少数股东损益	791,555.32	1,778,257.15	1,625,952.77	1,549,964.29
六、每股收益				
基本每股收益（元/股）	1.436 0	3.620 0	3.470 0	3.060 0
稀释每股收益（元/股）	1.436 0	3.620 0	3.470 0	3.060 0
七、其他综合收益	113,308.88	−189,63.52	553,25.70	−299,328.61
八、综合收益总额	257,374,3.83	5,910,848.12	5,568,487.15	4,627,900.84
归属于母公司所有者的综合收益总额	1,765,948.64	4,177,759.86	3,946,440.51	3,114,082.51
归属于少数股东的综合收益总额	807,795.19	1,733,088.27	1,662,046.64	1,513,818.34

表 10-4 W 企业股份有限公司现金流量表

单位：万元

报表日期	2021—09—30	2020—12—31	2019—12—31	2018—12—31
一、经营活动产生的现金流量				
销售商品、提高劳务收到的现金	34,838,998.92	47,228,313.07	43,273,595.86	39,814,827.04
收到的其他与经营活动有关的现金	22,258,96.48	3,607,878.09	3,711,276.34	2,580,187.73
经营活动现金流入小计	37,064,895.40	50,836,191.16	46,984,872.20	42,395,014.78
购买商品、接受劳务支付的现金	26,738,194.03	31,847,047.27	31,730,074.15	25,589,520.92
支付给职工以及为职工支付的现金	1,539,188.43	1,556,146.29	1,641,444.25	1,411,837.50
支付的各项税费	5,224,633.54	5,939,725.56	6,128,693.87	5,402,345.91
支付的其他与经营活动有关的现金	3,440,910.69	6,174,469.81	2,915,978.98	6,629,492.11
经营活动现金流出小计	36,942,926.69	45,517,388.93	42,416,191.25	39,033,196.44
经营活动产生的现金流量净额	121,968.70	5,318,802.22	4,568,680.95	3,361,818.34
二、投资活动产生的现金流量				
收回投资所收到的现金	26,176.08	463,688.61	176,094.58	147,271.39
取得投资收益所收到的现金	178,426.37	390,316.37	291,160.28	453,630.57
处置固定资产、无形资产和其他长期资产所收回的现金净额	4,425.73	6,231.32	9,612.19	4,755.24
处置子公司及其他营业单位收到的现金净额	212,159.79	470,404.99	298,779.52	184,348.55
收到的其他与投资活动有关的现金	533,995.47	1,725,790.36	817,728.71	1,089,235.67

报表日期	2021—09—30	2020—12—31	2019—12—31	2018—12—31
投资活动现金流入小计	955,183.45	3,056,431.64	1,593,375.28	1,879,241.41
构建固定资产、无形资产和其他长期资产所支付的现金	446,765.02	720,829.79	624,419.20	589,674.95
投资所支付的现金	1,805,493.69	1,293,728.45	2,792,496.93	4,729,523.39
取得子公司及其他营业单位支付的现金净额	1,417,655.30	414,333.48	903,261.61	1,854,169.64
支付的其他与投资活动有关的现金	41,476.29	47,833.21	135,871.00	1,442,317.04
投资活动现金流出小计	3,711,390.31	2,476,724.92	4,456,048.74	8,615,685.01
投资活动产生的现金流量净额	−2,756,206.86	579,706.71	−2,862,673.46	−6,736,443.60
三、筹资活动产生的现金流量				
吸收投资收到的现金	2,785,285.18	3,885,894.49	1,181,428.45	1,949,129.95
其中:子公司吸收少数股东投资收到的现金	2,785,285.18	3,169,364.94	517,088.25	1,949,129.95
取得借款收到的现金	5,892,044.01	10,611,368.02	7,901,690.79	9,605,299.23
发行债券收到的现金	1,497,736.42	896,303.80	1,460,343.34	3,898,278.98
收到其他与筹资活动有关的现金	……	……	1 795 891.09	1 478 075.62
筹资活动现金流入小计	10,175,065.61	15,393,566.32	12,339,353.68	16,930,783.78
偿还债务支付的现金	6,563,532.33	11,043,189.10	10,071,556.12	7,385,437.12
分配股利、利润、或偿付利息所支付的现金	3,450,439.90	3,471,605.10	3,682,290.75	4,024,933.86
其中:子公司支付给少数股东的股利、利润	1,152,847.51	747,405.37	1,114,748.24	1,635,015.11
支付其他与筹资活动有关的现金	222,546.96	2,940,627.96	987,704.93	281,906.63

报表日期	2021—09—30	2020—12—31	2019—12—31	2018—12—31
筹资活动现金流出小计	12,238,228.96	18,643,992.31	15,673,174.72	12,451,018.97
筹资活动产生的现金流量净额	−2,063,163.35	−3,250,425.99	−3,333,821.04	4,479,764.81
四、汇率变动对现金及现金等价物的影响	−2,264.37	−55,710.12	34,862.34	29,076.07
五、现金及现金等价物净增加额	−4,699,665.87	2,592,372.82	−1,592,951.21	1,134,215.62
加：期初现金及现金等价物余额	18,566,237.97	15,973,865.15	17,566,816.35	16,432,600.74
六、期末现金及现金等价物余额	13,866,572.10	18,566,237.97	15,973,865.15	17,566,816.35

2. W企业主要财务指标分析

以收集到的资产负债表以及利润表为基础，计算各项财务指标，具体如下表所示。

表 10-5　W企业股份有限公司主要财务指标

序号	指标	2021年1~9月	2020年	2019年	2018年
一、盈利能力					
1	主营业务净利润率（%）	9.06	14.15	14.99	16.55
2	资本收益率（%）	2.12	5.10	4.88	4.46
3	净资产收益率（%）	6.56	16.95	20.38	20.91
4	资产净利润率（%）	1.25	3.17	3.19	3.22
5	基本每股收益（元/股）	1.436	3.620	3.470	3.060
6	稀释每股收益（元/股）	1.436	3.620	3.470	3.060
二、偿债能力					
7	资产负债率（%）	80.94	81.28	84.36	84.59
8	流动比率	1.19	1.17	1.13	1.15
9	速动比率	1.05	0.37	0.35	0.42

序号	指标	2021 年 1～9 月	2020 年	2019 年	2018 年
二、偿债能力					
10	权益乘数	5.25	5.34	6.39	6.49
三、营运能力					
11	资产周转率	0.14	0.22	0.21	0.19
12	应收账款周转率	56.45	140.06	185.05	187.67
13	存货周转率	1.87	0.30	0.26	0.25

（1）盈利能力分析

在 2018 年至 2021 年 9 月期间，W 公司的主营业务净利润率分别为 16.55%、14.99%、14.15%、9.06%，主营业务净利润率是反映 W 企业盈利能力的重要指标，可以看出 W 企业盈利能力呈下降趋势，主要与 W 企业的主营业务有关。房地产企业开发成本提高，虽然一线城市房地产价格继续上涨，但是成交量大幅萎缩；三四线城市库存积压、降价难销的状况侵蚀房企利润。因此 W 企业的盈利能力削弱。

（2）偿债能力分析

W 公司的资产负债率在报告期间分别是 84.59%、84.36%、81.28%、80.94%，不难看出 W 公司的资产负债率虽然呈缓慢下降趋势，但是每年的资产负债率都超过 80%，主要是 W 公司业务规模非常大，应付票据及短期借款的数额较大。在 2021 年 9 月 30 日，W 公司的资产负债率为 80.94%，处于较高的水平，国际上通常认为资产负债率等于 60% 时较为适当，说明 W 公司长期偿债能力不高，企业偿债保证不强。

W 企业流动比率为 1.15、1.13、1.17、1.19，主要是业务规模扩大，W 企业的存货逐年增加，导致流动比率处于较低的水平，通常情况下流动比率为 2 时比较合适，说明 W 公司流动比率过低，企业可能存在难以按期偿还债务的风险。

（3）营运能力分析

在报表期间，W 公司的资产周转率分别为 0.19、0.21、0.22、0.14，不难看出资产周转率呈逐年缓慢上升的状态，但是资产周转率比较慢，说明 W 公司的资产使用效率不高。

存货周转率分别为 0.25、0.26、0.30、1.87，存货周转速度较为缓慢，但是仍然呈现缓慢上升的状态，主要是 W 企业为房产企业，而房企存货周转的变化与市场走势转变有关，它在一定程度上反映房企销售能力，说明在市场不景气的情况下，W 公司仍然保持一定的销售能力。

3. 结论意见

根据以上分析，W 企业股份有限公司在当前房地产市场不景气的情况下保持一定的销售能力，经营状况比较良好，存在一定的市场前景，商业模式可持续，具备持续经营能力。但是 W 企业的资产负债率较高，且流动比率较低，因此 W 企业存在一定的偿债风险，可能难以按期偿还债务。

10.2　Z 有限责任公司实务案例

本部分选取 Z 有限责任公司为案例公司进行财务尽调分析，具体来讲主要包括三部分：第一，案例公司简介，主要概括公司基本信息和经营情况；第二，尽调后的财务状况，以资产负债表和损益表情况为切入点，详尽描述了财务尽调后的财务调整情况；第三，财务状况分析，借助盈利能力、运营能力、资本结构和偿债能力等相关指标进行分析，在此基础上得出相关结论。

10.2.1　案例简介

本节为案例公司简介，首先介绍公司概况，简要描述公司基本信息，具体包括组织架构、人员情况和主要财务数据；其次介绍公司经营情况和主要设备运行状况；再次对公司社会责任履行情况进行了必要阐述；最后落脚于财务情况，重点介绍了损益表各明细项目尽调调整情况。

1. 企业概况

（1）公司简介

Z 有限责任公司主要从事石油加工炼制及销售业务，主要生产装置有实际产能为 30 万吨/年常减压蒸馏、18 万吨/年催化裂化各一套，拥有 2.8 万吨原油罐容，1.34 万吨成品油罐容和 1 条铁路专线，主要产品为汽、柴油、液化石油气等。

（2）组织结构

Z 有限责任公司组织结构如下图所示：

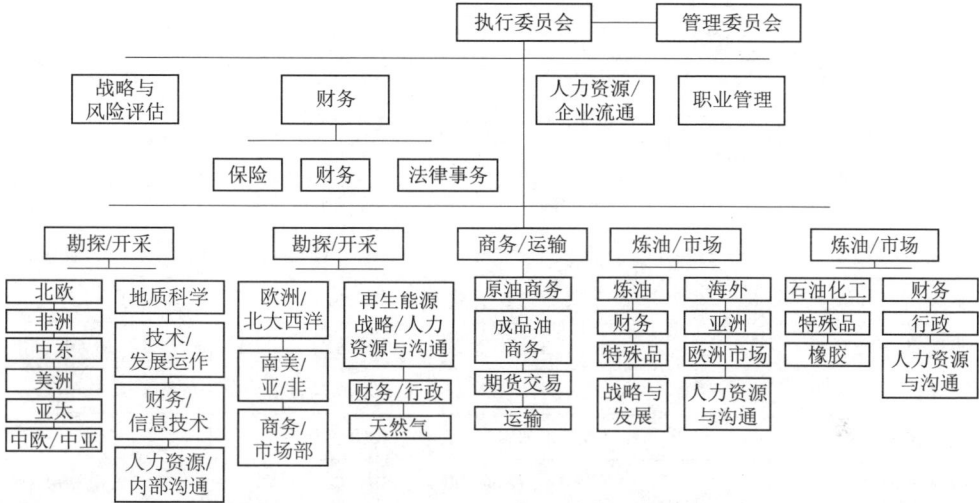

图 10-1　运行一部组织结构图

（3）主要财务数据

Z 有限公司财务状况见下表：

表 10-6　Z 有限公司两年一期资产负债状况

单位：元

项　目	2013 年 12 月 31 日	2014 年 12 月 31 日	2015 年 6 月 30 日
货币资金	127,029,092.11	133,066,771.30	147,126,899.69
应收票据			
应收账款	205,878,326.97	164,456,000.98	17,697,611.83
预付账款	3,227,642.72	39,962,834.14	72,274,058.14
其他应收款	61,812,883.28	60,894,419.92	72,048,126.06
存货	731,173,631.65	789,267,478.52	895,193,585.01
其中:原材料	127,926,961.74	72,954,230.42	60,385,291.88
库存商品(产成品)	305,417,478.90	375,415,254.33	449,019,732.83
流动资产合计	1,129,121,576.73	1,187,647,504.86	1,220,181,075.46

项 目	2013 年 12 月 31 日	2014 年 12 月 31 日	2015 年 6 月 30 日
长期股权投资	36,326,391.76	36,326,391.76	
固定资产原价	87,457,975.55	97,695,858.43	100,537,018.98
固定资产净值	66,088,347.31	66,868,821.57	64,607,094.50
固定资产净额	66,088,347.31	66,868,821.57	64,607,094.50
在建工程	7,609,795.36	2,582,954.92	
工程物资			
无形资产	522,182,929.68	508,878,843.63	502,226,800.60
长期待摊费用	176,396.71	112,252.45	80,180.32
递延所得税资产	7,342,121.39	7,358,063.86	6,106,516.84
非流动资产合计	639,725,982.21	622,127,328.19	573,020,592.26
资产合计	1,768,847,558.94	1,809,774,833.05	1,793,201,667.72
短期借款	140,000,000.00	100,000,000.00	100,000,000.00
应付票据	314,000,000.00	394,000,000.00	336,000,000.00
应付账款	494,553,442.01	402,425,371.50	375,202,766.11
预收账款	6,789,154.37	104,571,711.37	178,573,240.96
应付职工薪酬	1,256,706.00	1,721,265.13	1,917,059.42
应交税费	−18,703,848.57	−19,852,425.51	853,902.01
应付利息			
其他应付款	41,210,190.36	35,646,201.25	35,683,951.85
流动负债合计	979,105,644.17	1,018,512,123.74	1,028,230,920.35
长期借款			
负债合计	979,105,644.17	1,018,512,123.74	1,028,230,920.35
实收资本	762,077,700.00	762,077,700.00	762,077,700.00
资本公积			
专项储备			−411,795.84
盈余公积	2,766,421.47	2,918,500.92	2,918,500.92
其中:法定公积金	2,766,421.47	2,918,500.92	2,918,500.92
未分配利润	24,897,793.30	26,266,508.39	386,342.29
所有者权益合计	789,741,914.77	791,262,709.31	764,970,747.37
负债和所有者权益总计	1,768,847,558.94	1,809,774,833.05	1,793,201,667.72

Z有限公司经营状况见下表：

表 10-7　Z 有限公司两年一期经营状况

单位：元

项　目	2013 年度	2014 年度	2015 年 1～6 月
一、营业总收入	2,193,404,723.76	1,641,565,148.79	436,644,831.23
其中:主营业务收入	1,690,419,289.38		153,723,106.10
其他业务收入	502,985,434.38		
二、营业总成本	2,173,093,222.28	1,637,870,492.52	434,910,930.34
其中:营业成本	2,062,723,086.16	1,539,886,502.57	406,199,914.37
其中:主营业务成本	1,618,279,598.61		160,858,834.40
其他业务成本	444,443,487.55		
税金及附加	24,419,529.00	16,619,143.29	5,642,045.46
销售费用	17,989,082.28	8,584,701.55	3,196,338.33
管理费用	43,874,349.18	38,116,396.57	17,062,314.19
财务费用	23,978,961.11	34,599,978.66	2,810,317.99
资产减值损失	108,214.55	63,769.88	168,347.29
加:投资收益			−25,046,391.76
三、营业利润	20,311,501.48	3,694,656.27	−23,480,838.16
加:营业外收入	501,000.00	97,765.26	60,000.00
减:营业外支出	41,990.38	620,890.94	1,012,424.26
四、利润总额	20,770,511.10	3,171,530.59	−24,433,262.42
减:所得税费用	3,778,993.97	1,650,736.05	1,446,903.68
四、净利润	16,991,517.13	1,520,794.54	−25,880,166.10

说明：上表数据为经本次尽职调查后的财务数据。

（4）人员情况

①人员概况。

截至 2015 年 8 月底，与 Z 公司签订劳动合同的人数共计 606 人，其中有 209 人在济南分公司工作、23 人办理内退手续、6 人因工伤等原因未能上班、269 人因停产参加公司培训、有 99 人自 Z 停产后在岗工作；截至 2015 年 8 月底，有 450 人由济南 Z 公司发放工资，其中男职工 306 人、女职工 144 人。

②劳动合同签订情况。

公司全部职工均按照山东省济南市劳动和社会保障厅要求签订劳动合同，试用期三个月、正式工首次和第二次签订为两年期劳动合同，第三次签订劳动合同则为无固定期限（长期）合同，员工到达退休年龄后全部移交社区管理。此外公司有五名保安为外包人员，公司已和保安公司签订相关合同。

③薪酬情况。

公司主要实行两种薪酬形式：一是年薪制，二是绩效考核工资制。公司领导班子成员实行年薪制，具体制度和标准按上级部门的规定执行。其余普通职工实行绩效考核工资制，主要由三部分组成，即工龄工资、基础工资、绩效考核工资。

④社保福利。

Z公司正式员工享有国家规定的基本养老保险、工伤保险、失业保险、生育保险、基本医疗保险、住房公积金。

2. 公司经营情况

Z公司主要从事石油加工炼制及销售业务，主要生产装置有实际产能为30万吨/年常减压蒸馏、18万吨/年催化裂化各一套，拥有2.8万吨原油罐容，1.34万吨成品油罐容和1条铁路专线，主要产品为汽油、柴油、液化石油气等。

2014年常减压装置加工原油累计完成25.27万吨，完成年计划101.11%；2014年催化裂化装置加工原油累计完成15.59万吨，完成年计划的97.44%。受停工等因素影响，2015年1～9月常减压装置加工原油累计完成5.55万吨，完成年计划的20%。2015年1～9月催化裂化装置加工原油累计完成3.06万吨，完成年计划的19%。

Z公司2013年度净利润为1 699.15万元，2014年度净利润缩减至152.08万元，2015年1～6月处置长期股权投资产生损失，导致企业净利润变为－2 588.02万元。由于济南长城公司生产装置加工规模较小，产能落后，效率较低，不能获得规模经济，导致生产成本相对较高，使其获利能力较低。

受国际大环境及市场供应过剩局面难以改善等因素影响，2015年成品油价格已多次进行下调，同时伴随油品质量标准的不断提高，济南长城公司停止外采，使产品销售工作面临很多困难。2014年Z公司实现营业收入16.42亿元，全年完成加工量26.78万吨，主要产品产量为24.75万吨，销量为

23.91 万吨。截至 2015 年 6 月底，济南长城公司共销售产品 28 691 吨，完成销售计划的 105.87%。其中：柴油销售 13 137 吨，销售收入 6 300 万元，完成销售计划的 99.53%；汽油产品销售 15 554 吨，销售收入 7 700 万元，完成销售计划的 111.90%。

Z 公司客户主要分为四类：①中石油、中石化两大集团；②以中石油、中石化为最终销售客户的贸易商；③长期合作的大批发商；④零售及少许厂矿企业。近年来，济南长城公司主要销售客户为北京起源铁山油品有限公司、山东省莘县华祥石化有限公司、中国石化销售有限公司山东石油分公司、蓝星石油有限公司济南分公司以及黑龙江鑫泰石化有限公司等。

Z 公司原油一次加工能力只有 30 万吨/年的常减压装置，二次加工能力只有 18 万吨/年的催化裂化装置，装置加工流程短，形成的炼油规模较小，加工技术及其装备水平处于较低层次，产品主要为汽油、柴油、液化石油气等，产品质量较差，缺乏市场竞争力，且不具备进一步深加工的措施和技术手段；其所有产品均以半成品出厂，或送至 X 公司进一步加工。

3. 主要设备运行情况

产品液化石油气（LPG）符合标准，汽油、柴油不能满足标准，只能作为半成品出厂，继续加工后部分作为产品；加工低硫油，无酸性水汽提；设置污水罐贮存污水，污水经处理后排放。

《产业结构调整指导目录（2011 年本）》200 万吨/年及以下常减压装置为落后生产工艺装备，应于 2013 年底前淘汰。

Z 公司生产规模太小，整体配置过于简单，处理能力低下，处理手段单一，综合技术产品指标落后，缺乏竞争力；拥有铁路运输设施，在原料与产品运输方面具有优势。

（1）装置规模

该类规模的炼油厂属于国家明令禁止的落后生产工艺装备，归于淘汰序列，基于工厂地理环境与现状，目前改扩建至合理规模效益的加工能力工厂的可能性较小。

（2）在役过程设备的基本情况

常减压装置建设投用时间久远，已接近设计寿命。由于加工原料为低硫油，腐蚀问题比较缓和，装置过程设备的状况明显好于 X 分公司。但由于运行时间已经 20 余年，开停频繁，设备材料的疲劳寿命已有比较明显表现，通过不间断的维修和更新部分设备，延续使用，存在一定的安全生产隐患。

企业提供的最近一次部分关键设备的压力容器定期检验报告（2013 年、2014 年）中，共有七台设备，其中：常减压 1 台，催化 5 台，罐区 1 台，其安全状况等级分别为：

常减压装置：	电脱盐罐	3 级	2013 年报告
催化装置：	同轴沉降再生器	2 级	2014 年报告
	稳定塔	3 级	2013 年报告
	吸收塔、解析塔	1 级	2014 年报告
罐　区：	液化石油气罐	1 级	2014 年报告

（3）工艺技术及产品规格

按目前技术水平评估，该厂加工技术及其装备水平处于较低层次，主要产品（汽、柴油）质量不合格，且不具备进一步深加工的措施和技术手段，其所有产品均以半成品出厂，或送至蓝星济南分公司进一步加工。

（4）生产能耗

装置规模太小，难以形成规模效益，本身能耗很大，加上整体装备技术落后，因此该厂能耗水平高。

（5）安全与环保

多数原购置设备陈旧老化，存在较大的安全隐患。消防系统地下水管网老化严重，濒临报废，尚未及时实施更换，因此被动安全手段也存在很大的隐患。

环保设施十分不完善，无酸性水气体、污水处理极其简陋、无烟气脱硫脱硝除尘设施等，故三废排放等问题非常严峻、亟待解决。环保部门已经多次对该厂实施处罚、警告、限期整改等措施，目前处以全面停产整改处罚状态。

总之，尽管该工厂可以运行，但存在的安全隐患和环保问题比较严峻，同时，由于加工规模亦属于国家禁令的关停序列，加上生产流程与装备的过于简单、地理环境的限制等因素，通过大规模的改扩建升级其生存能力的意义不大。

4. 安全与环保

（1）安全

公司制定非常详尽的安全管理制度，包括公司级各项安全规章、各岗位的安全职责和安全技术操作规程等，每季度开展 1 次综合安全大检查，并下发安全检查隐患问题整改通知单，针对发现的问题落实整改时间和责任人，暂时不能整改的问题要制定可靠的防范措施，确保不发生任何事故。

2015 年上半年，公司结合新《中华人民共和国安全生产法》和《中华人民共和国环境保护法》的实施，组织完成安全、健康与环境一体化管理（简称 SHE）责任制、特殊作业管理等共 55 项安全管理制度的修订。公司主要负责人与 22 个部门签订 2015 年 SHE 及消防目标责任书，同时各部门内部层层签订责任书，做到责任到人；公司调整 SHE 委员会成员，继续实施《领导干部承包管理重大危险源办法》，对 17 处重大危险源（含关键装置、重点部位）的承包管理分工（由公司 9 位领导分别承包管理）进行调整，领导联系点安全监管常态化逐步形成。

2015 年上半年，公司共进行公司及以上级安全教育培训 4 次，共计参加 1 471 人；公司全员安全培训 1 次，共计参加 1 294 人；公司专项安全培训 3 次，参加 177 人；组织对承包商安全培训 14 次，共计参加 71 人；组织新员工入厂安全教育培训 3 次，共计参加 8 人。

2015 年上半年，在省市安检部门以及集团公司和油气总公司组织的安全生产检查中，共排查安全隐患 122 项，整改完成 96 项，整改率 78.7%，其余 34 项大修期间完成整改。企业自查 10 次，排查安全隐患 325 项，整改率 100%；截至 6 月底，进行各类特殊作业共 272 次，其中动火作业 152 次、吊装作业 11 次、动土作业 12 次、断路作业 0 次、高处作业 57 次、盲板抽堵作业 2 次、受限空间作业 38 次、临时用电作业 45 次。

近年公司未因安全生产问题受到重大处罚。

（2）环保

企业按总公司要求建立健全 SHE 管理体系，公司与市政府签订《2015 年主要污染物总量减排目标责任书》，修订《一级排污口监督管理考核办法》，并严格按照考核办法要求，对各生产装置一级排放口进行监测、监督考核，抓好源头控制；改造污水深度处理系统，新增臭氧消毒和活性炭过滤系统，截至 6 月份外排水合格率超过 98%；严格按《危险废物管理制度》要求，与廊坊×××环境技术有限公司、青岛×××科技有限公司分别签订《危险废物处置合同》，并协助办理转移联单等手续，1～6 月份转移碱渣 40 吨。废水、SO_2、COD、氮氧化物等主要污染物排放量同比分别下降 40.80%、41.54%、42.14%、42.96%。

随着 2015 年 1 月 1 日新《中华人民共和国环境保护法》的实施，济南市环境保护局加大查处力度。根据 2015 年 3 月 5 日济南市环境保护局下发的《责令限制生产决定书》（济环限字〔2015〕第 W002 号），经查实：2015 年 1 月 14 日济南长城公司 18 万吨/年重油催化裂化生产装置再生烟气外排烟尘浓度达到 226 mg/m³，超过《山东省固定源大气颗粒物综合排放标准》（DB 37/1996—2011）规定的 30 mg/m³ 标准的 6.53 倍，处以 10 万元罚款。

公司目前主要污染物治理情况如下：

①废水。

公司废水主要包括含硫污水、含油污水及其他辅助设施排水。

a. 含硫污水

含硫污水主要来自延迟焦化装置、制氢装置、加氢精制装置、常减压装置、催化裂化装置等，主要污染物有石油类、硫化物等，所有含硫污水均由密闭管线送往酸性水汽提单元进行处理，回收硫黄，处理后的废水部分回收用作延迟焦化的切焦水。

b. 含油污水

含油污水主要来自各生产装置以及不定期排放的地面冲洗水，主要污染物有石油类、硫化物、挥发酚等。含油污水先汇集在重油罐区的隔油池，经隔油罐隔除大部分污油后，再通过污水管道排至污水处理站处理。

c. 其他污水

主要包括生活污水，软水站排水，以及辅助车间排水等，主要污染物有氨氮、石油类等。

d. 污水处理站工艺流程简介

污水处理站设计处理能力为 250 m³/h，实际处理量约为 120 m³/h，处理后污水部分回用作绿化、延迟焦化补水，剩余部分外排。

②废气。

公司排放的废气主要有加热炉烟气、催化再生烟气、硫黄回收尾气焚烧废气及动力锅炉烟气。

装置内的加热炉燃料均为经脱硫后的干气，辅以少量重油。

锅炉备热，燃料均为经脱硫后的干气，辅以少量重油。

装置产生的酸性气密闭管线去硫黄装置，采用燃烧法、高温掺和式的二级转化克劳斯工艺制取硫黄；硫黄回收工艺尾气经三级冷却器和尾气分液罐分硫后，经焚烧炉后 80 m 高排气筒排放。

间断排放的工艺废气主要有安全阀放空、焦炭塔吹气和冷焦带出的不凝气以及设备放空排出的烃类等气体，属于间断排放，均通过密闭管道回收至干气柜内。

催化再生烟气现已经安装在线监测设施以及烟气除尘设施。

③噪声。

公司噪声源主要有空压机、机泵、空冷、加热炉等，对各重点噪声源从局部到整体以至外部环境都考虑了不同的控制措施。鼓风机、引风机、空压机等高噪声设备在进出口处均配备了消声器，对机座基础都进行了减振处理，另外通过种植草木，形成自然隔声屏障等措施。

④固体废物。

公司产生的固体废物主要是废碱渣、废催化剂、污水处理过程中产生的浮渣、污泥和污油等。

废碱液公司主要采取中和处理的方法，回收部分污油以后，委托有资质的单位处置。

废催化剂均与生产厂家签有回收协议，催化剂的装、卸、回收等全部由厂家负责；厂家没有回收资质的委托有回收处置资质的单位处置。

污水处理场回收的污油、浮渣回污油罐，经脱水后进入焦化装置作冷凝油使用；剩余活性污泥经脱水后交与有处置资质的单位处置。

5. 财务情况

（1）原始财务状况

企业 2013 年度、2014 年度、2015 年 1～6 月账面营业收入分别为 2,193,404,723.76 元、1,641,565,148.79 元和 436,644,831.23 元，利润总额分别为 20,770,511.10 元、3,171,530.59 元和 781,476.63 元，实现净利润分别为 16,991,517.13 元、1,520,794.54 元及 586,119.97 元，具体项目见下表：

表 10-8　Z 有限公司损益表

单位：元

项　　目	2015 年度 1～6 月份	2014 年度	2013 年度
一、营业收入	436,644,831.23	1,641,565,148.79	2,193,404,723.76
减：营业成本	406,199,914.37	1,539,886,502.57	2,062,723,086.16

项 目	2015 年度 1～6 月份	2014 年度	2013 年度
税金及附加	5,642,045.46	15,216,076.46	24,419,529.00
销售费用	3,196,338.33	8,584,701.55	17,989,082.28
管理费用	17,062,314.19	38,116,396.57	43,874,349.18
财务费用	2,810,317.99	34,599,978.66	23,978,961.11
资产减值损失		63,769.88	108,214.55
其他			
加:公允价值变动收益			
投资收益			
二、营业利润	1,733,900.89	5,097,723.10	20,311,501.48
加:营业外收入	60,000.00	97,765.26	501,000.00
减:营业外支出	1,012,424.26	2,023,957.77	41,990.38
三、利润总额	781,476.63	3,171,530.59	20,770,511.10
减:所得税费用	195,356.66	1,650,736.05	3,778,993.97
四、净利润	586,119.97	1,520,794.54	16,991,517.13

（2）科目明细及尽调调整情况

①营业收入及成本。

企业的营业收入及成本主要为汽油、柴油等的销售收入及成本，具体情况见下表：

表 10-9　Z有限公司营业收入及成本表

单位：元

项 目	原账面数		调整数		调整后金额	
	收入	成本	收入	成本	收入	成本
2015 年 1～6 月						
主营业务小计	153,723,106.10	160,858,834.40			153,723,106.10	160,858,834.40
轻柴油	48,890,991.56	54,362,908.57			48,890,991.56	54,362,908.57
车用汽油	37,641,284.71	42,213,705.22			37,641,284.71	42,213,705.22

项　目	原账面数		调整数		调整后金额	
	收入	成本	收入	成本	收入	成本
2015 年 1～6 月						
蜡油类物料油	34,911,130.93	30,784,294.64			34,911,130.93	30,784,294.64
液化石油气	32,279,698.90	33,497,925.97			32,279,698.90	33,497,925.97
其他业务小计	282,921,725.13	245,341,079.97			282,921,725.13	245,341,079.97
材料	202,096,225.98	245,341,079.97			202,096,225.98	245,341,079.97
其他	80,825,499.15				80,825,499.15	
合计	436,644,831.23	406,199,914.37			436,644,831.23	406,199,914.37
2014 年度						
主营业务小计	1,216,259,584.69	1,168,863,367.52			1,216,259,584.69	1,168,863,367.52
重质原料油	307,373,788.90	325,395,295.01			307,373,788.90	325,395,295.01
轻柴油	259,037,241.75	239,936,384.02			259,037,241.75	239,936,384.02
液化石油气	218,608,192.62	189,466,131.21			218,608,192.62	189,466,131.21
蜡油类物料油	217,682,616.75	208,031,785.36			217,682,616.75	208,031,785.36
车用汽油	145,480,475.78	120,810,944.31			145,480,475.78	120,810,944.31
渣油类物料油	53,251,582.06	68,606,467.17			53,251,582.06	68,606,467.17
石脑油	14,825,686.83	16,616,360.44			14,825,686.83	16,616,360.44
其他业务小计	425,305,564.10	371,023,135.05			425,305,564.10	371,023,135.05
材料	425,037,934.91	371,023,135.05			425,037,934.91	371,023,135.05
其他	267,629.19				267,629.19	
合计	1,641,565,148.79	1,539,886,502.57			1,641,565,148.79	1,539,886,502.57

项 目	原账面数		调整数		调整后金额	
	收入	成本	收入	成本	收入	成本
2013 年度						
主营业务小计	1,690,419,289.38	1,618,279,598.61			1,690,419,289.38	1,618,279,598.61
车用汽油	440,860,131.36	407,769,909.88			440,860,131.36	407,769,909.88
重质原料油	427,123,733.77	430,864,232.59			427,123,733.77	430,864,232.59
轻柴油	414,578,699.45	406,679,288.21			414,578,699.45	406,679,288.21
液化石油气	197,917,140.40	174,989,726.52			197,917,140.40	174,989,726.52
蜡油类物料油	188,536,445.36	174,569,225.21			188,536,445.36	174,569,225.21
渣油类物料油	21,403,139.04	23,407,216.20			21,403,139.04	23,407,216.20
其他业务小计	502,985,434.38	444,443,487.55			502,985,434.38	444,443,487.55
材料	502,858,680.19	444,443,487.55			502,858,680.19	444,443,487.55
其他	126,754.19				126,754.19	
合计	2,193,404,723.76	2,062,723,086.16			2,193,404,723.76	2,062,723,086.16

②销售费用

销售费用主要包括运输费用、铁路专用线费用、销售人员的人工成本等费用，具体情况见下表：

表 10-10　Z 有限公司销售费用

单位：元

项 目	原账面数	调整数	调整后金额
2015 年 1～6 月			
运输费	1,503,323.87		1,503,323.87
销售服务费	1,065,566.04		1,065,566.04
人工成本	487,832.32		487,832.32
机物料消耗	59,865.00		59,865.00

项　目	原账面数	调整数	调整后金额
铁路专用线费用	39,504.70		39,504.70
电费	23,972.00		23,972.00
折旧费	11,078.40		11,078.40
其他	5,196.00		5,196.00
合计	3,196,338.33		3,196,338.33
2014 年度			
运输费	7,142,170.53		7,142,170.53
人工成本	1,115,481.41		1,115,481.41
铁路专用线费用	124,767.73		124,767.73
机物料消耗	79,911.39		79,911.39
租赁费	30,000.00		30,000.00
电费	28,238.60		28,238.60
业务招待费	22,845.00		22,845.00
折旧费	21,598.31		21,598.31
其他	19,688.58		19,688.58
合计	8,584,701.55		8,584,701.55
2013 年度			
运输费	12,217,413.68		12,217,413.68
铁路专用线费用	4,723,334.71		4,723,334.71
人工成本	745,545.28		745,545.28
机物料消耗	43,938.04		43,938.04
业务招待费	38,872.80		38,872.80
差旅费	17,193.00		17,193.00
电费	16,214.90		16,214.90
折旧费	13,514.62		13,514.62
其他	173,055.25		173,055.25
合计	17,989,082.28		17,989,082.28

③管理费用

管理费用主要包括管理人员的人工成本，土地使用权的摊销，房产税、土地使用税等税费，折旧费，修理费等费用，具体情况见下表：

表 10-11　Z 有限公司管理费用

单位：元

项　　目	原账面数	调整数	调整后金额
2015 年 1～6 月			
无形资产摊销	6,652,043.03		6,652,043.03
人工成本	6,007,230.35		6,007,230.35
税费	1,467,713.78		1,467,713.78
折旧费	719,608.70		719,608.70
修理费	453,016.16		453,016.16
机物料消耗	364,842.50		364,842.50
印刷费	128,910.00		128,910.00
租赁费	108,737.87		108,737.87
移动通信费	94,696.00		94,696.00
排污费	69,618.00		69,618.00
运输费	65,818.00		65,818.00
其他	930,079.80		930,079.80
合计	17,062,314.19		17,062,314.19
2014 年度			
人工成本	14,298,573.48		14,298,573.48
无形资产摊销	13,304,086.05		13,304,086.05
税费	2,505,778.99		2,505,778.99
折旧费	1,400,457.52		1,400,457.52
保险费	1,018,954.58		1,018,954.58
取暖费	867,078.29		867,078.29
修理费	644,096.97		644,096.97
诉讼费	536,640.00		536,640.00
机物料消耗	422,331.60		422,331.60

项　目	原账面数	调整数	调整后金额
租赁费	336,446.60		336,446.60
审计费	179,245.28		179,245.28
差旅费	142,817.50		142,817.50
其他	2,459,889.71		2,459,889.71
合计	38,116,396.57		38,116,396.57
2013 年度			
人工成本	15,733,351.45		15,733,351.45
无形资产摊销	13,304,086.05		13,304,086.05
修理费	3,238,217.30		3,238,217.30
税费	2,205,872.97		2,205,872.97
咨询费	1,675,451.33		1,675,451.33
技术开发费	1,480,678.22		1,480,678.22
折旧费	934,311.85		934,311.85
机物料消耗	849,005.86		849,005.86
取暖费	567,722.45		567,722.45
物业管理费	442,767.88		442,767.88
业务招待费	372,078.05		372,078.05
办公费	285,123.17		285,123.17
差旅费	274,053.71		274,053.71
运输费	185,693.60		185,693.60
评估费	110,188.68		110,188.68
审计费	108,490.54		108,490.54
其他	2,107,256.07		2,107,256.07
合计	43,874,349.18		43,874,349.18

④财务费用

财务费用主要为存款利息收入、借款利息支出、票据贴现利息及银行手续费等，具体情况见下表：

表 10-12　Z有限公司财务费用

单位：元

项　目	账面数	调整数	调整后金额
2015 年 1～6 月			
利息支出	3,652,000.01		3,652,000.01
减:利息收入	1,044,755.49		1,044,755.49
其他	203,073.47		203,073.47
合计	2,810,317.99		2,810,317.99
2014 年度			
利息支出	35,792,602.99		35,792,602.99
减:利息收入	1,805,157.85		1,805,157.85
其他	612,533.52		612,533.52
合计	34,599,978.66		34,599,978.66
2013 年度			
利息支出	25,053,064.08		25,053,064.08
减:利息收入	2,641,971.60		2,641,971.60
其他	1,567,868.63		1,567,868.63
合计	23,978,961.11		23,978,961.11

⑤资产减值损失

我们对应收款项期末余额进行信用组合及账龄分析，补提坏账准备，调整坏账损失 168,347.29 元。资产减值损失具体情况见下表：

表 10-13　Z有限公司资产减值损失

单位：元

项　目	账面数	调整数	调整后金额
2015 年 1～6 月			
坏账损失		168,347.29	168,347.29
存货跌价损失			
固定资产减值损失			
无形资产减值损失			
合计		168,347.29	168,347.29

项　目	账面数	调整数	调整后金额
2014 年度			
坏账损失	63,769.88		63,769.88
合计	63,769.88		63,769.88
2013 年度			
坏账损失	108,214.55		108,214.55
合计	108,214.55		108,214.55

⑥投资收益

如长期股权投资中所述，我们确认处置中化工油气销售有限公司股权产生的投资损益，调整金额见下表：

表 10-14　Z 有限公司投资收益

单位：元

产生投资收益的来源	账面数	调整数	调整后金额
2015 年 1～6 月：			
处置长期股权投资产生的投资收益		−25,046,391.76	−25,046,391.76
合　计		−25,046,391.76	−25,046,391.76

⑦营业外收入

营业外收入情况见下表：

表 10-15　Z 有限公司营业外收入

单位：元

项　目	账面数	调整数	调整后金额
2015 年 1～6 月			
政府补助	60,000.00		60,000.00
合计	60,000.00		60,000.00
2014 年度			
非流动资产处置利得	27,765.26		27,765.26
政府补助	60,000.00		60,000.00

项　目	账面数	调整数	调整后金额
其他	10,000.00		10,000.00
合计	97,765.26		97,765.26
2013 年度			
政府补助	501,000.00		501,000.00
合计	501,000.00		501,000.00

⑧营业外支出

企业 2014 年账面记录的罚款、滞纳金支出中包含补缴消费税 1,403,066.83 元，我们将上述金额重分类至税金及附加科目，调减罚款、滞纳金。营业外支出具体情况见下表：

表 10-16　Z 有限公司营业外支出

单位：元

项　目	账面数	调整数	调整后金额
2015 年 1~6 月			
非流动资产处置损失	9,664.26		9,664.26
罚款、滞纳金	1,002,760.00		1,002,760.00
合计	1,012,424.26		1,012,424.26
2014 年度			
非流动资产处置损失	85,365.07		85,365.07
罚款、滞纳金	1,938,592.70	−1,403,066.83	535,525.87
合计	2,023,957.77	−1,403,066.83	620,890.94
2013 年度			
罚款、滞纳金	41,990.38		41,990.38
合计	41,990.38		41,990.38

⑨所得税

Z 有限公司所得税调整具体情况见下表：

表 10-17　Z 有限公司所得税

单位：元

项　目	账面数	调整数	调整后金额
2015 年 1～6 月			
按税法及相关规定计算的当期所得税	195,356.66		195,356.66
递延所得税调整		1,251,547.02	1,251,547.02
合计	195,356.66	1,251,547.02	1,446,903.68
2014 年度			
按税法及相关规定计算的当期所得税	1,666,678.52		1,650,736.05
递延所得税调整	−15,942.47		
合计	1,650,736.05		1,650,736.05
2013 年度			
按税法及相关规定计算的当期所得税	5,099,681.45		3,778,993.97
递延所得税调整	−1,320,687.48		
合计	3,778,993.97		3,778,993.97

10.2.2　尽调后的财务状况

截至 2015 年 6 月 30 日，尽调后的公司资产负债表资产总额 1,793,201,667.72 元，负债总额 1,028,230,920.35 元，所有者权益 764,970,747.37 元，具体项目见下表：

表 10-18　Z 有限公司尽调后资产负债表

单位：元

资　产	2015 年 6 月 30 日	2014 年 12 月 31 日	2013 年 12 月 31 日
流动资产			
货币资金	147,126,899.69	133,066,771.30	127,029,092.11
交易性金融资产			
应收票据			
应收账款	17,697,611.83	164,456,000.98	205,878,326.97

资　产	2015 年 6 月 30 日	2014 年 12 月 31 日	2013 年 12 月 31 日
预付款项	72,274,058.14	39,962,834.14	3,227,642.72
应收利息			
其他应收款	72,048,126.06	60,894,419.92	61,812,883.28
存货	895,193,585.01	789,267,478.52	731,173,631.65
一年内到期的非流动资产			
其他流动资产	15,840,794.73		
流动资产合计	1,220,181,075.46	1,187,647,504.86	1,129,121,576.73
非流动资产			
可供出售金融资产			
持有至到期投资			
长期应收款			
长期股权投资		36,326,391.76	36,326,391.76
投资性房地产			
固定资产原价	100,537,018.98	97,695,858.43	87,457,975.55
减:累计折旧	35,929,924.48	30,827,036.86	21,369,628.24
固定资产净值	64,607,094.50	66,868,821.57	66,088,347.31
减:固定资产减值准备			
固定资产净额	64,607,094.50	66,868,821.57	66,088,347.31
在建工程		2,582,954.92	7,609,795.36
工程物资			
固定资产清理			
生产性生物资产			
油气资产			
无形资产	502,226,800.60	508,878,843.63	522,182,929.68
开发支出			
商誉			
长期待摊费用	80,180.32	112,252.45	176,396.71
递延所得税资产	6,106,516.84	7,358,063.86	7,342,121.39

资　产	2015 年 6 月 30 日	2014 年 12 月 31 日	2013 年 12 月 31 日
其他非流动资产			
非流动资产合计	573,020,592.26	622,127,328.19	639,725,982.21
资产总计	1,793,201,667.72	1,809,774,833.05	1,768,847,558.94
流动负债			
短期借款	100,000,000.00	100,000,000.00	140,000,000.00
交易性金融负债			
应付票据	336,000,000.00	394,000,000.00	314,000,000.00
应付账款	375,202,766.11	402,425,371.50	494,553,442.01
预收款项	178,573,240.96	104,571,711.37	6,789,154.37
应付职工薪酬	1,917,059.42	1,721,265.13	1,256,706.00
应交税费	853,902.01	−19,852,425.51	−18,703,848.57
应付利息			
其他应付款	35,683,951.85	35,646,201.25	41,210,190.36
一年内到期的非流动负债			
其他流动负债			
流动负债合计	1,028,230,920.35	1,018,512,123.74	979,105,644.17
非流动负债			
长期借款			
应付债券			
长期应付款			
专项应付款			
预计负债			
递延所得税负债			
其他非流动负债			
非流动负债合计			
负债合计	1,028,230,920.35	1,018,512,123.74	979,105,644.17
所有者权益(或股东权益)			
实收资本(股本)	762,077,700.00	762,077,700.00	762,077,700.00

资　产	2015 年 6 月 30 日	2014 年 12 月 31 日	2013 年 12 月 31 日
减:已归还投资			
实收资本(或股本)净额	762,077,700.00	762,077,700.00	762,077,700.00
资本公积			
减:库存股			
专项储备	−411,795.84		
盈余公积	2,918,500.92	2,918,500.92	2,766,421.47
一般风险准备			
未分配利润	386,342.29	26,266,508.39	24,897,793.30
外币报表折算差额			
归属于母公司所有者权益合计	764,970,747.37	791,262,709.31	789,741,914.77
少数股东权益			
所有者权益合计	764,970,747.37	791,262,709.31	789,741,914.77
负债和股东权益总计	1,793,201,667.72	1,809,774,833.05	1,768,847,558.94

表 10-19　Z 有限公司尽调后损益表

单位:元

项　目	2015 年度 1～6 月份	2014 年度	2013 年度
一、营业收入	436,644,831.23	1,641,565,148.79	2,193,404,723.76
减:营业成本	406,199,914.37	1,539,886,502.57	2,062,723,086.16
税金及附加	5,642,045.46	16,619,143.29	24,419,529.00
销售费用	3,196,338.33	8,584,701.55	17,989,082.28
管理费用	17,062,314.19	38,116,396.57	43,874,349.18
财务费用	2,810,317.99	34,599,978.66	23,978,961.11
资产减值损失	168,347.29	63,769.88	108,214.55
其他			
加:公允价值变动收益			
投资收益	−25,046,391.76		

项　　目	2015 年度 1～6 月份	2014 年度	2013 年度
二、营业利润	−23,480,838.16	3,694,656.27	20,311,501.48
加：营业外收入	60,000.00	97,765.26	501,000.00
减：营业外支出	1,012,424.26	620,890.94	41,990.38
三、利润总额	−24,433,262.42	3,171,530.59	20,770,511.10
减：所得税费用	1,446,903.68	1,650,736.05	3,778,993.97
四、净利润	−25,880,166.10	1,520,794.54	16,991,517.13

10.2.3　财务状况分析

我们根据 Z 公司经审计的 2013 年度、2014 年度年报及 2015 年 1～6 月财务报表的各项指标进行分析测算，并选取上市公司中与济南长城炼油有限责任公司主营业务相同或相似的 A 股企业，对其财务经营情况进行对比分析：

1. 盈利能力分析

Z 公司 2013 年度、2014 年度及 2015 年 1～6 月利润总额分别为 20,770,511.10 元、3,171,530.59 元和−24,433,262.42 元。济南长城公司盈利能力有关的各指标可以看出（见表 10-20），公司的营业毛利率及总资产收益率与行业平相比平均水平相比均较低，而三费占收入比与行业水平基本持平，甚至在 2013 年度较行业水平低。我们认为济南长城公司的获利能力较差，源于其产品的毛利差，作为原油加工企业，该行业的销售价格在国家调控之下，产品销售价格基本透明，在这种形势下产品毛利较行业平均水平低，源于产品的生产成本较高，其主要的生产装置有 30 万吨/年常减压蒸馏、18 万吨/年催化裂化各一套。上述装置加工规模较小，产能落后，效率较低，不能获得规模经济，导致生产成本相对较高，使其获利能力较低。2015 年 1～6 月企业处置长期股权投资产生损失，导致净利润为负数，使营业总收入为负数，总资产收益率为负数。

表 10-20　济南长城公司盈利能力财务指标

财务指标	2015 年 1～6 月	2014 年度	2013 年度	行业平均数
营业毛利率(%)	6.97	6.19	5.96	10.67
三费收入比(%)	5.28	4.95	3.91	5.38
EBITDA/营业总收入(%)	−2.05	3.78	3.24	7.25
总资产收益率(%)	−1.15	2.18	2.77	5.10

行业数据来源：Wind 资讯网

2. 运营能力分析

Z 公司的资产以流动资产为主，流动资产占总资产比重较大。2013 年末、2014 年末及 2015 年 6 月 30 日，资产总额分别为：176,884.76 万元、180,977.48 万元、179,320.17 万元；同期流动资产分别为 112,912.16 万元、118,764.75 万元、122,018.11 万元，流动资产占总资产的比例分别为 63.83%、65.62%、68.04%，公司流动资产主要为存货。

Z 公司存货周转率及流动资产周转率与行业平均数相比周转慢。一方面企业与同行业相比，生产、加工规模小且销售规模小；另外企业期末库存及流动资产占比相对较高，导致其周转率较低，流动资产周转率较低，导致流动资产占用资金较多，也从另一方面反映企业库存管理效率低下，盈利能力较差。公司应收账款周转率较行业水平差，但应收账款期末余额主要为应收关联方货款，回收有保障。

Z 公司有关资产流动性指标见下表：

表 10-21　Z 有限公司资产流动性指标

财务指标	2015 年 1～6 月	2014 年度	2013 年度	行业平均数
存货周转率(X)	0.48	2.03	3.33	20.94
应收账款周转率(X)	4.79	8.87	20.08	290.48
流动资产周转率(X)	0.36	1.42	2.17	7.39

行业数据来源：Wind 资讯网

3. 资本结构分析

作为炼化企业，Z 公司资产规模较行业平均水平相去甚远，总资产规模几乎不足行业平均水平的1%，公司总体规模过小。从资产负债率及产权比率看，济南长城公司资产负债率及产权比率较行业平均水平略高。截至2015年6月30日，企业负债总额102,823.09万元，其中应付票据、应付账款两项合计71,120.28万元，占全体负债总额的69.17%，可见企业资金紧张，欠付货款金额较大。企业较低的获利能力，较高的财务杠杆，使其面临较高的财务风险。

Z公司有关资本结构的指标见下表：

表10-22　Z有限公司有关资本结构的指标

财务指标	2015年6月30日	2014年12月31日	2013年12月31日	行业平均数
总资产(万元)	179,320.17	180,977.48	176,884.76	21,565,694.45
总负债(万元)	102,823.09	101,851.21	97,910.56	11,289,216.62
所有者权益(万元)	76,497.07	79,126.27	78,974.19	10,276,477.83
资产负债率(%)	57.34	56.28	55.35	39.75
产权比率(%)	134.41	128.72	123.98	94.68

行业数据来源：Wind资讯网

4. 偿债能力分析

Z公司无论从短期债务规模，还是总体负债水平看，基本保持一定的水平。2013年、2014年及2015年6月30日，短期债务占总负债比分别为14.30%、9.82%、9.73%。结合企业的获利能力及资本结构分析，从其各种反映偿债能力的指标看，企业的偿债能力较行业平均水平差。Z有限公司偿债能力的指标见下表：

表10-23　Z有限公司偿债能力的指标

财务指标	2015年6月30日	2014年12月31日	2013年12月31日	行业平均数
短期债务(万元)	10,000.00	10,000.00	14,000.00	2,570,528.28
负债总额(万元)	102,823.09	101,851.21	97,910.56	11,289,216.62
EBITDA(万元)	−894.60	6,203.01	7,102.77	2,180,188.31
经营活动产生现金净流量(万元)	1,669.06	−424.35	−2,070.43	2,194,938.43
流动比率(X)	1.19	1.17	1.15	1.84

财务指标	2015 年 6 月 30 日	2014 年 12 月 31 日	2013 年 12 月 31 日	行业平均数
速动比率(X)	0.32	0.39	0.41	1.49
经营活动净现金/短期债务(X)	0.17	−0.04	−0.15	0.56
经营活动净现金/利息支出(X)	4.57	−0.12	−0.83	10.00
EBITDA/短期债务(X)	−0.09	0.62	0.51	0.63
EBITDA 利息倍数(X)	−2.45	1.73	2.84	13.76

行业数据来源：Wind 资讯网

5. 财务分析结论

综上所述，对 Z 公司的财务状况，我们得出以下结论：

第一，Z 公司与同行业大型炼化企业相比，生产加工规模较小，产能落后，效率较低，无法获得规模经济，再加上其产品在质量上也无优势，获利能力较差，在行业中不具有竞争力。

第二，Z 公司资产以流动资产为主，虽然资产总体流动性较好，但流动资产的主要构成为存货，变现能力差，况且其存货及流动资产的周转率较低，表明其资产管理效率较低、运营能力差，也反映其产品的获利能力较差。

第三，Z 公司在现有资产规模下，资产负债率一直处在较高水平，又不具有较强的盈利能力和良好的现金流作为偿债的保障，其偿债能力较差，具有较高的财务风险。

读者意见反馈表

亲爱的读者：

感谢您对中国铁道出版社有限公司的支持，您的建议是我们不断改进工作的信息来源，您的需求是我们不断开拓创新的基础。为了更好地服务读者，出版更多的精品图书，希望您能在百忙之中抽出时间填写这份意见反馈表发给我们。随书纸制表格请在填好后剪下寄到：北京市西城区右安门西街8号中国铁道出版社有限公司大众出版中心 王宏 收（邮编：100054）。此外，读者也可以直接通过电子邮件把意见反馈给我们，E-mail地址是：17037112@qq.com。我们将选出意见中肯的热心读者，赠送本社的其他图书作为奖励。同时，我们将充分考虑您的意见和建议，并尽可能地给您满意的答复。谢谢！

- -

所购书名：_____

个人资料：

姓名：_____ 性别：_____ 年龄：_____ 文化程度：_____

职业：_____ 电话：_____ E-mail：_____

通信地址：_____ 邮编：_____

您是如何得知本书的：

□书店宣传 □网络宣传 □展会促销 □出版社图书目录 □老师指定 □杂志、报纸等的介绍 □别人推荐
□其他（请指明）_____

您从何处得到本书的：

□书店 □邮购 □商场、超市等卖场 □图书销售的网站 □培训学校 □其他

影响您购买本书的因素（可多选）：

□内容实用 □价格合理 □装帧设计精美 □带多媒体教学光盘 □优惠促销 □书评广告 □出版社知名度
□作者名气 □工作、生活和学习的需要 □其他

您对本书封面设计的满意程度：

□很满意 □比较满意 □一般 □不满意 □改进建议

您对本书的总体满意程度：

从文字的角度 □很满意 □比较满意 □一般 □不满意
从技术的角度 □很满意 □比较满意 □一般 □不满意

您希望书中图的比例是多少：

□少量的图片辅以大量的文字 □图文比例相当 □大量的图片辅以少量的文字

您希望本书的定价是多少：

本书最令您满意的是：

1.
2.

您在使用本书时遇到哪些困难：

1.
2.

您希望本书在哪些方面进行改进：

1.
2.

您需要购买哪些方面的图书？对我社现有图书有什么好的建议？

您更喜欢阅读哪些类型和层次的书籍（可多选）？

□入门类 □精通类 □综合类 □问答类 □图解类 □查询手册类

您在学习的过程中有什么困难？

您的其他要求：